La fábrica de juguetes

PIZCA DE SAL

1.ª edición: septiembre 2025

© Del texto: Ana Alonso, 2025
© De las ilustraciones: Raquel Lagartos, 2025
© De las imágenes del dosier: Istockphoto/Getty Images (Bortonia;
Dansin; Diana Hirsch; Edwin Tan; Elkor; Evgeniy Shkolenko; Ferrantraite;
Filo; Lysenko Alexander; Lorado; Nastasic; Monkeybusineddimages;
South agency; Tashi-Delek; Thanasus).
© Grupo Anaya, S. A., 2025
Valentín Beato, 21. 28037 Madrid
www.pizcadesal.es

Diseño de cubierta:
Miguel Ángel Pacheco, Javier Serrano
Patricia Gómez Serrano

ISBN: 78-84-143-4247-3
Depósito legal: M-13871-2025
Impreso en España - Printed in Spain

PAPEL DE FIBRA
CERTIFICADA

Ana Alonso

La fábrica de juguetes

**Ilustraciones
de Raquel Lagartos**

ÍNDICE

Personajes

Individuales

Lucía
Niña misteriosa de once o doce años que aparece en la fábrica y luego como nueva alumna. Tiene un aire enigmático y una conexión especial con los juguetes. En la fábrica viste ropa antigua (un vestido sencillo de principios del siglo xx), y en el colegio lleva ropa normal.

Mateo
Niño de diez años, inicialmente escéptico y refugiado en los videojuegos. Tiene miedo a lo desconocido pero poco a poco se abre a nuevas experiencias. Al principio, lleva su consola portátil.

Emma
Niña creativa de diez años, dibuja constantemente en su *tablet*. Es sensible y está abierta a la magia.

Bruno
Niño extrovertido de diez años, aventurero y algo impulsivo. Le gustan los retos y es leal con sus amigos.

Nora
Niña observadora de diez años, documenta todo en su libreta.

ÁLEX
Personaje de 10 años que puede ser interpretado por chico o chica. Organizador/a y amante de los *escape rooms*. Lleva siempre una mochila con «equipamiento de emergencia».

CARLOS (EL GUARDIÁN)
Hombre mayor, antiguo empleado de la fábrica. Viste ropa de trabajo con un mono azul desgastado. Lleva una linterna grande y un manojo de llaves.

LA MAESTRA
Adulta, profesora de los niños. Viste de manera informal.

CORALES

LAS MUÑECAS
Niñas vestidas con faldas amplias de colores pastel (rosa, azul claro, lila). Pueden usar maquillaje sencillo para parecer de porcelana (mejillas rosadas, labios pintados), pelucas o lazos en el pelo. Movimientos delicados y sincronizados.

LOS ROBOTS Y LAS FIGURAS DE ACCIÓN
Niños y niñas con ropa plateada o metálica (papel aluminio sobre ropa normal). Movimientos rígidos y mecánicos. Pueden llevar cajas de cartón pintadas como «armadura» o cascos simples hechos con papel maché.

LOS PELUCHES
Niños con sudaderas con capucha con orejas cosidas o pegadas. Colores marrones, beis, grises. Pueden llevar guantes tipo manopla para simular patas. En lugar de zapatos, llevarán calcetines o medias del color de los guantes.

LOS JUEGOS DE MESA
Niños con cartulinas grandes colgadas del cuello representando elementos de juegos (dados, fichas de ajedrez, cartas).

LOS VEHÍCULOS
Niños con cajas de cartón pintadas como coches, trenes o aviones. Las cajas pueden colgarse con tirantes para permitir el movimiento.

LOS NIÑOS PEQUEÑOS
(Solo en el acto III). Los mismos actores que interpretaron a los juguetes en actos anteriores, ahora vestidos con ropa normal de colegio. Representan a los niños que aprenden a jugar en el club.

ACTO I
ESCENA 1

Un parque urbano al atardecer. Al fondo se proyecta la silueta de una antigua fábrica abandonada con chimeneas altas. Los JUGUETES están dispersos por todo el escenario, inmóviles, camuflados como elementos del parque: algunos como estatuas, otros como parte de bancos, otros simplemente cubiertos con hojas. Se puede jugar con distintos niveles en el escenario. Las luces tienen un tono anaranjado que sugiere el final de la tarde.

Entran los cinco protagonistas con expresiones de frustración. Los JUGUETES cobran vida sutilmente cuando los niños no miran, cambiando de postura o moviéndose ligeramente para seguirlos con la mirada, pero vuelven a quedarse inmóviles cuando los niños se giran hacia ellos. Este juego continúa a lo largo de toda la escena.

ÁLEX: *(Con visible frustración, consultando un papel).* No me puedo creer que hayamos hecho la cola durante una hora para que luego nos dijeran que hay que tener catorce años. ¡Me he leído todas las normas de la web! En ninguna parte ponía nada de la edad.

BRUNO: *(Pateando una piedra imaginaria).* Yo se lo dije a mi padre, pero no me hizo caso.

«Seguro que os dejan, no son tan estrictos».
Pues claro que son estrictos, es su trabajo
ser estrictos.

MATEO: *(Sin levantar la vista de su consola portátil).*
Tampoco es para tanto. Es solo un *escape
room* más. Y por lo que he visto en los
vídeos, las pistas eran demasiado fáciles.

NORA: *(Escribiendo en su libreta).* «Dimensión Z:
fracaso número 1. Motivo: restricción por
edad no especificada en la publicidad». Esto
es indignante. Debería escribir una queja
formal.

EMMA: *(Dibujando en su* tablet, *distraída).* Podría-
mos haber ido al cine...

ÁLEX: *(Volviéndose hacia* EMMA*).* ¿Al cine? ¿En
serio? Es un aburrimiento... Además, llevo
tres meses intentando hacer todos los *escape rooms* de la ciudad. Este era el último que
me faltaba. ¡El único que no he hecho!

Mientras hablan, un grupo de MUÑECAS *se mueve suavemente, formando una coreografía sincronizada en segundo plano.
Sus movimientos son como una danza que refleja las emociones de los niños: frustración, decepción, aburrimiento.*

BRUNO: *(Sentándose en un banco, sin darse cuenta
de que justo detrás hay un grupo de* PELUCHES
camuflados). La verdad es que esta era carí-
sima. Cincuenta euros por persona. Dos-
cientos cincuenta en total.

MATEO: Mis padres nunca habrían pagado eso. *(Imitando la voz de los padres)*. «¿Para qué quieres ir a que te encierren en una habitación? Ya estás bastante tiempo encerrado con tus videojuegos». Siempre la misma turra.

Los PELUCHES se recolocan sutilmente detrás de BRUNO.

NORA: *(Mirando hacia la fábrica abandonada)*. Dicen que van a demoler esa fábrica el mes que viene.

EMMA: *(Levantando la vista de su tablet por primera vez)*. ¿La fábrica de juguetes? ¿En serio? Es una pena, con lo bonita que es.

ÁLEX: ¿Fábrica de juguetes? Pensaba que era una antigua fábrica de ropa o algo así.

Un conjunto de ROBOTS se desplaza rígidamente para formar una especie de muro tras los niños, enmarcando la escena. Los VEHÍCULOS se mueven rodando por el suelo, formando un camino que señala hacia la fábrica, pero retroceden y se esconden cada vez que un niño mira en su dirección.

NORA: *(Consultando su libreta)*. No, era la fábrica de juguetes Estrella. Cerró hace... *(pasa páginas)* treinta años. Fabricaban todo tipo de juguetes tradicionales. Mi abuelo tenía un tren de madera hecho ahí.

BRUNO: *(Viendo una oportunidad)*. ¿Sabéis lo que dicen de esa fábrica? *(Bajando la voz dramáticamente)*. Que está encantada.

MATEO:	*(Riendo sin apartar la vista de la consola).* Ya estamos. Bruno y sus historias de fantasmas. Vaya tontería.
BRUNO:	¡Es verdad! Mi primo mayor dice que una noche pasó por ahí y escuchó risas de niños dentro. Y sonidos, como de máquinas funcionando.
ÁLEX:	¿Y entró a investigar?
BRUNO:	Pues... no. Salió corriendo. Dice que vio una luz azul que se movía sola de habitación en habitación.

Una luz azul tenue aparece y desaparece entre los JUGUETES, coordinada con el relato de BRUNO. Se puede conseguir con pequeñas linternas led manipuladas por los propios actores que interpretan a los JUGUETES.

MATEO:	Qué valiente tu primo. *(Con sarcasmo).* Y déjame adivinar: también vio unicornios volando sobre la fábrica.
EMMA:	*(Que ha estado dibujando la fábrica en su tablet).* A mí me gusta la idea de una fábrica de juguetes encantada. Es como... poética. No sé..., todos esos juguetes olvidados cobrando vida por la noche, esperando a que alguien vuelva a jugar con ellos...
BRUNO:	*(Emocionado).* ¡Exacto! Es como en esa película...
ÁLEX:	*(Interrumpiéndole).* No empecemos con las películas. Eso son cosas de críos.

NORA:	*(Mirando fijamente a la fábrica).* ¿Habéis jugado alguna vez con juguetes como los que hacían ahí?

Silencio incómodo. Los JUGUETES se quedan completamente inmóviles, como expectantes.

MATEO:	¿Juguetes de esos? *(Ríe).* No, gracias. Mi padre me regaló una vez una maqueta para armar. Estuve como diez minutos intentando montar una pieza antes de aburrirme e irme a jugar al ordenador.
EMMA:	Yo tenía muñecas, pero es que no sabía muy bien qué hacer con ellas. Las vestía y las desvestía, y luego... nada. No hacían nada por sí solas.
BRUNO:	Yo jugaba a los superhéroes y esas cosas cuando era pequeño. Pero obviamente ya no.
ÁLEX:	Mi madre intentó que jugara con puzles de esos antiguos, de cartón. ¿Os imagináis? Pasarte horas montando algo que después no hace absolutamente nada. *(Sacudiendo la cabeza).* Sin recompensas, sin niveles, sin *ranking online*... O sea... ¿qué sentido tiene?

Los JUGUETES realizan movimientos de tristeza mientras los niños hablan. Algunas MUÑECAS simulan llorar, los VEHÍCULOS se esconden, los PELUCHES se encogen.

NORA: Mi abuela tiene un montón de juegos de mesa en el altillo de su casa. Siempre quiere que juguemos cuando vamos a verla. *(Suspira)*. Pero cada partida dura una eternidad, y las reglas son complicadísimas.

De repente, desde donde está la fábrica, se escucha una melodía antigua, como de caja de música. Todos los niños se quedan paralizados, mirando hacia la fábrica.

EMMA: *(En un susurro)*. ¿Habéis oído eso?

MATEO: *(Finalmente guardando su consola, alarmado)*. Seguro que ha sido el viento.

BRUNO: Pero el viento no suena como una caja de música.

La melodía vuelve a sonar, esta vez más clara. Los JUGUETES se animan y comienzan a realizar movimientos más evidentes, formando patrones que señalan hacia la fábrica.

ÁLEX: *(Sacando una pequeña linterna de su mochila)*. A lo mejor hay alguien dentro. Podrían ser okupas, o gente que ha entrado a explorar.

NORA: *(Apuntando en su libreta)*. O el espíritu de algún niño que nunca recibió su juguete... *(Todos la miran)*. ¿Qué? Estoy considerando todas las hipótesis.

BRUNO: *(Señalando hacia una ventana alta de la fábrica)*. ¡Mirad! ¡Hay luz ahí arriba!

Una luz dorada parpadea en un punto elevado del escenario, representando una ventana alta de la fábrica.

EMMA: Parece... parece como si alguien estuviera moviendo una vela.

ÁLEX: ¿Y si vamos a investigar?

MATEO: *(Incrédulo).* ¿Estás de broma? Es propiedad privada. Además, está casi anocheciendo.

ÁLEX: *(Con entusiasmo creciente).* ¡Precisamente! Es como... ¡como un *escape room* real! Piénsalo: una antigua fábrica abandonada, misterios, a lo mejor hasta podemos encontrar otra salida que no sea por donde entramos...

BRUNO: *(Captando la idea).* Y es gratis. Y no hay problema con la edad.

NORA: A ver, sería ilegal...

ÁLEX: *(Sacando más cosas de su mochila).* No si solo miramos por las ventanas rotas sin forzar ninguna entrada. *(Distribuyendo pequeñas linternas).* Siempre tengo de todo preparado.

Los Juguetes aumentan su actividad, formando ahora un camino claro hacia un lado del escenario, sugiriendo una ruta hacia la fábrica. La música se intensifica ligeramente.

EMMA: *(Guardando su tablet).* No sé... ¿Y si hay alguien peligroso ahí dentro?

BRUNO: Iremos todos juntos. Que nadie se separe del grupo. Si vemos cualquier cosa rara, salimos corriendo, ¿vale?

Mateo mira hacia la fábrica, luego a su consola, y finalmente la guarda con un suspiro.

MATEO: Vale, pero solo un vistazo rápido. Y si en quince minutos no hemos encontrado nada interesante, nos vamos. Tengo que estar en casa antes de la cena.

ÁLEX: *(Con entusiasmo).* ¡Eso es! ¡Dimensión F: El Misterio de la Fábrica de Juguetes!

Los niños comienzan a caminar hacia un lateral del escenario, en dirección a la fábrica. Los Juguetes se animan completamente y forman una coreografía que sugiere alegría y emoción. Las luces cambian, volviéndose más azuladas y misteriosas. La melodía de la caja de música alcanza su punto más intenso y luego se desvanece lentamente.

Desde un punto elevado del escenario aparece brevemente la figura de Lucía, iluminada por un foco tenue. Viste ropa antigua y sostiene una muñeca de trapo. Sonríe mientras observa a los niños dirigirse hacia la fábrica.

LUCÍA: *(En un susurro audible).* Por fin..., alguien que quiere jugar.

Las luces se desvanecen gradualmente mientras los Juguetes realizan una última coreografía, moviéndose como una ola que sigue a los niños fuera del escenario. La música se transforma sutilmente, mezclando la melodía de la caja de música con sonidos mecánicos de una fábrica antigua que comienza a despertar.

ACTO I
ESCENA 2

Exterior de la fábrica abandonada. La fachada puede representarse con un telón pintado o proyectado al fondo, mostrando un edificio antiguo de ladrillo con ventanas rotas y una gran puerta principal cerrada con cadenas. La vegetación ha invadido parte de la estructura. Es casi de noche, las luces tienen un tono azulado.
Los JUGUETES *están distribuidos por el escenario, escondidos en las sombras.*
Los cinco niños entran con cautela, iluminando su camino con las pequeñas linternas que ÁLEX *les ha dado.*

MATEO: *(Nervioso, tratando de ocultarlo).* Pues al final no mola tanto, ¿eh? Solo es un edificio viejo y cutre.

BRUNO: *(Susurrando dramáticamente).* Shhh..., que te van a oír.

MATEO: ¿Quién me va a oír? ¿Los fantasmas? *(Ríe, pero su risa suena forzada).*

ÁLEX: *(Examinando la puerta principal).* Está superrcerrada. Cadenas, candados..., imposible entrar por aquí.

NORA: ¿Y ahora qué? ¿Ya nos vamos?

EMMA: *(Señalando hacia un lado).* Eh, mirad allí. Esa ventana está rota.

Todos dirigen sus linternas hacia donde señala Emma. *Los* Juguetes *que estaban cerca se apartan rápidamente para no quedar iluminados.*

BRUNO: *(Acercándose a la ventana).* Pues sí, está rota. Y creo que cabemos. Bueno, menos Álex con su mochila del tamaño de un hipopótamo.

ÁLEX: *(Ofendido/a).* ¡Oye! Esta mochila contiene un equipo completo de supervivencia.

MATEO: Sí, como si fuéramos a quedarnos a vivir aquí.

NORA: *(Apuntando en su libreta a la luz de su linterna).* «Punto de acceso: ventana lateral, aproximadamente a un metro del suelo».

BRUNO: *(A* Nora*).* ¿En serio vas a seguir escribiendo ahí? No se ve nada.

NORA: Es para documentarlo todo. *(Pausa).* Por si nos pasa algo.

EMMA: *(Alarmada).* ¿Cómo que «por si nos pasa algo»?

NORA: *(Encogiéndose de hombros).* No sé. Por si desaparecemos y tienen que encontrarnos.

ÁLEX: *(Riendo nerviosamente).* Qué optimista eres, Nora.

La melodía de la caja de música vuelve a escucharse, esta vez desde el interior de la fábrica. Los niños se quedan inmóviles. Los Juguetes *aprovechan para moverse un poco más libremente, formando figuras inquietantes en las sombras.*

BRUNO:	*(Con voz quebrada).* ¿Habéis...?
MATEO:	*(Interrumpiéndole).* Sí, lo hemos oído. Y no, no es el viento.
EMMA:	Ahí hay alguien. Seguro.
ÁLEX:	*(Después de una pausa, decidido/a).* Pues vamos a ver quién es.

ÁLEX se acerca a la ventana y examina los bordes.

ÁLEX:	Está bastante baja. Podemos entrar sin problemas. Yo iré primero.
MATEO:	*(Retrocediendo).* Eh, que yo no he dicho que vaya a entrar.
BRUNO:	¿Tienes miedo, Mateo?
MATEO:	¿Yo? Qué va. Pero es una pérdida de tiempo. Y además podemos meternos en un lío.
BRUNO:	Claaaaaro. Tienes miedo.
NORA:	A ver, vamos a pensar un momento. ¿Qué pasa si hay alguien peligroso ahí dentro?
EMMA:	*(Señalando su móvil).* Podemos llamar al 112 si hace falta.
ÁLEX:	*(Comprobando su móvil).* Mmm..., yo tengo como... menos una raya de cobertura.
BRUNO:	*(Mirando el suyo).* Pues yo directamente no tengo.
NORA:	*(Levantando su móvil en diferentes direcciones).* Ni yo.

Los ROBOTS realizan una coreografía mecánica que sugiere que están interfiriendo con las señales telefónicas, moviendo sus brazos como antenas. Esto ocurre detrás de los niños, sin que estos lo noten.

EMMA: *(Preocupada).* ¿Y si entramos y se cae parte del techo o algo? Parece muy viejo todo.

ÁLEX: No vamos a explorar toda la fábrica. Solo entramos, echamos un vistazo rápido y nos vamos. *(A MATEO).* Si tienes miedo, puedes quedarte fuera vigilando.

MATEO: *(Indignado).* ¡Que no tengo miedo! Es solo que... *(Se interrumpe al oír de nuevo la melodía, más clara).* Vale, vamos. Pero solo cinco minutos, ¿eh?

BRUNO: Cinco minutos. Prometido.

ÁLEX se acerca a la ventana, aparta algunos cristales rotos con cuidado y se asoma.

ÁLEX:　　　　　La ventana parece muy alta por dentro. Hay cajas al otro lado. No nos haremos daño al saltar. *(Pasando su mochila primero)*. Vale, allá voy.

ÁLEX trepa por la ventana y desaparece brevemente del escenario, para reaparecer en una zona que representa el interior, visible para el público pero separada por la «pared» de la fábrica. Se puede lograr con un panel móvil o con iluminación diferenciada.

ÁLEX:　　　　　*(Desde dentro)*. ¡Todo despejado! Venid, es seguro.

BRUNO se apresura a seguirle, después ayuda a EMMA a entrar. NORA mira a MATEO, que sigue dudando.

NORA:　　　　　¿Vamos?

MATEO:　　　　*(Tomando aire)*. Sí, venga. Pero primero tú.

NORA entra con cuidado. MATEO mira nerviosamente a su alrededor antes de seguirla. Cuando el último niño desaparece por la ventana, los JUGUETES del exterior cobran vida completamente, celebrando lo ocurrido con movimientos alegres.

ACTO I
ESCENA 3

Las luces cambian, y también la proyección o el decorado pintado del fondo, indicando que ahora estamos viendo el interior de la fábrica.

El interior de la fábrica está lleno de sombras y polvo. Viejas máquinas cubiertas de mantas, cajas apiladas, estanterías vacías. Todo tiene un aire abandonado pero mágico. Las Muñecas y Peluches están en las sombras, inmóviles. Los Vehículos se encuentran en cajas de cartón. Los Juegos de mesa ocupan un rincón.

EMMA: *(Maravillada, iluminando con su linterna a su alrededor).* Es como... como entrar en otro mundo.

NORA: *(Tocando el polvo de una máquina).* Aquí hace mucho que no entra nadie.

BRUNO: *(Dirigiendo su linterna hacia el techo).* ¡Fijaos en esas cintas transportadoras! Ahí debían mover los juguetes por toda la fábrica.

ÁLEX: *(Abriendo una caja vieja).* Mirad esto. *(Saca un viejo tren de juguete de madera).* Está nuevo.

MATEO: *(Todavía nervioso, buscando con su linterna).* ¿De dónde venía la música? Ahora no se oye nada.

El grupo avanza lentamente por el escenario, explorando. Cada vez que iluminan una zona, los Juguetes *que estaban allí logran permanecer inmóviles o moverse justo antes de ser descubiertos. Se crea un juego de «casi los pillamos» que puede provocar risas en el público.*

BRUNO: *(Encontrando un interruptor en la pared).* Eh, ¿creéis que habrá luz? *(Antes de que puedan responder, lo acciona).*

Para sorpresa de todos, algunas luces parpadean y se encienden, iluminando débilmente el espacio. Son luces cálidas, como bombillas antiguas que dan un ambiente dorado. Los Juguetes *aprovechan el momento de asombro para recolocarse.*

NORA: ¿Cómo es posible? Debería estar cortada la electricidad desde hace años.

ÁLEX: Deben de tener un generador o algo así.

MATEO: *(Realmente asustado ahora).* Esto no mola nada. Vámonos de aquí.

De repente, se escuchan pasos pesados, como de botas, provenientes de algún lugar del escenario.

EMMA: *(En un susurro aterrorizado).* ¿Qué es eso?

BRUNO: *(También susurrando).* Viene alguien. Rápido, ¡a cubierto!

Los niños corren a esconderse detrás de cajas, máquinas y estanterías. Los Juguetes *ayudan sutilmente, moviéndose para crear mejores escondites, siempre cuando los niños no miran.*

Los pasos se hacen más fuertes. Una sombra se proyecta en la pared. Podría ser el GUARDIÁN, representado por una silueta grande creada con un foco desde bambalinas.

De pronto, en medio del silencio tenso, se oye claramente la voz de una niña.

LUCÍA: *(Su voz resuena por todo el escenario, aunque no se ve de dónde sale).* No os preocupéis por él. No puede vernos si no queremos.

Los pasos se detienen. La sombra permanece inmóvil un momento y luego se desvanece. Los pasos se alejan. Los niños salen lentamente de sus escondites, desconcertados.

MATEO: *(Con voz temblorosa).* ¿Habéis oído eso? Era una niña.

ÁLEX: *(Mirando a su alrededor).* ¿Hola? ¿Hay alguien ahí?

Silencio. Luego, la pila de cajas más alta se ilumina suavemente. Sentada en lo alto aparece LUCÍA, *una niña de unos once años con ropa antigua y una muñeca de trapo en las manos. Puede aparecer con un efecto de iluminación, como si de pronto un foco la descubriera.*

LUCÍA: *(Sonriendo).* Os estaba esperando. *(Ladeando la cabeza con curiosidad).* ¿Habéis venido a jugar?

Los niños se quedan congelados, mirándola con asombro.

ACTO I

ESCENA 4

Interior de la fábrica. La iluminación es tenue y dorada, con focos que crean zonas de luz y sombras largas. LUCÍA sigue sentada en lo alto de la pila de cajas. Los cinco niños están agrupados, mirándola con asombro. Los JUGUETES están distribuidos por todo el escenario, ahora con más movimiento cuando creen que los niños no los observan.

BRUNO: *(Con voz entrecortada).* ¿Quién... quién eres?

LUCÍA: *(Con naturalidad).* Me llamo Lucía. *(Acaricia su muñeca de trapo).* Y esta es Clarita.

MATEO: *(Recuperando algo de seguridad).* ¿Qué haces aquí? ¿Vives aquí o algo así?

LUCÍA: *(Con una sonrisa enigmática).* Digamos que pertenezco a este lugar. *(Bajando ágilmente de las cajas).* La pregunta es: ¿qué hacéis vosotros aquí?

Los niños se miran entre sí, dudando quién debe responder.

ÁLEX: *(Dando un paso adelante).* Vimos luces y escuchamos música. Teníamos curiosidad.

LUCÍA: *(Caminando entre ellos, examinándolos).* Curiosidad... Eso está bien. Es el principio de todas las aventuras.

Mientras LUCÍA *camina, algunos* JUGUETES *se mueven para seguirla con la mirada.* Emma *lo nota y se frota los ojos, confundida.*

EMMA:	*(Señalando a una* MUÑECA*).* Esa... esa muñeca acaba de...
LUCÍA:	*(Rápidamente, interrumpiéndola).* ¿Cómo os llamáis?
NORA:	*(Observando todo con atención).* Yo soy Nora. Ellos son Emma, Bruno, Mateo y Álex. *(Apunta algo en su libreta).* Tu... ttu ropa es muy antigua.
LUCÍA:	*(Mirando su vestido).* ¿Te parece? A mí me gusta. Es cómoda para jugar.
MATEO:	*(Con sarcasmo).* ¿Jugar? ¿Aquí? Pues menudo sitio has elegido.

Un PELUCHE *cae «accidentalmente» de una estantería y golpea a* MATEO *en la cabeza. Todos se giran a mirar, mientras el* PELUCHE *queda inmóvil en el suelo.*

MATEO:	*(Sobándose la cabeza).* ¡Ay! ¿Qué ha sido eso?
BRUNO:	*(Conteniendo la risa).* Te ha atacado un oso de peluche, tío.
MATEO:	*(Recogiendo el* PELUCHE*, molesto).* Muy gracioso. Se habrá caído solo. Este sitio se está cayendo a pedazos.

Intenta colocar el PELUCHE *en una estantería, pero este parece resistirse ligeramente, como si fuera más pesado o rígido de lo normal. Finalmente lo deja y se aleja.*

LUCÍA:	*(Como si nada hubiera pasado).* Esta fábrica está llena de sorpresas. *(Mirando a Álex).* Tú pareces alguien que disfruta de los desafíos.
ÁLEX:	*(Interesado/a).* ¿Qué tipo de desafíos?
LUCÍA:	Retos. Pruebas. Como esos juegos de escape que tanto te gustan.
ÁLEX:	*(Sorprendido/a).* ¿Cómo sabes que me gustan los *escape rooms*?
LUCÍA:	*(Encogiéndose de hombros).* Lo he adivinado. Tienes pinta de ser alguien a quien le gustan los enigmas.

De repente, se escucha un ruido mecánico. Es el de una vieja cinta transportadora moviéndose lentamente (se oye, pero no se ve, aunque los personajes miran hacia arriba como si la vieran y se sobresaltan).

NORA:	Eso... Eso no debería funcionar.
BRUNO:	*(Asustado pero fascinado).* ¡Está moviéndose sola!
LUCÍA:	Nada se mueve solo en esta fábrica.
MATEO:	*(Retrocediendo).* Esto es demasiado raro. Deberíamos irnos.
LUCÍA:	*(Con tono desafiante).* ¿Ya? Pero si acaba de empezar lo divertido. *(Mirando a todos).* ¿No queríais una aventura? ¿Un misterio que resolver?
ÁLEX:	¿De qué va todo esto, Lucía?
LUCÍA:	*(Caminando alrededor de ellos).* Esta fábrica era un lugar mágico. Creaba juguetes

que hacían felices a miles de niños. Pero luego... todo se terminó. Los niños dejaron de jugar con los juguetes. Ya sabéis..., prefieren las pantallas y esas cosas que lo hacen todo por ti.

Mientras habla, algunos JUGUETES realizan una pequeña coreografía triste detrás de ella, como ilustrando su historia.

LUCÍA: *(Continúa).* El corazón de la fábrica dejó de latir. Y ahora quieren derribarla para siempre.

NORA: *(Curiosa).* ¿El corazón de la fábrica? ¿Qué es eso?

LUCÍA: El secreto que hace que todo funcione. Lo que da vida a los juguetes.

BRUNO: Los juguetes no tienen vida.

Como respondiendo a su comentario, todos los JUGUETES del escenario se quedan absolutamente inmóviles, creando un silencio inquietante.

LUCÍA: ¿Estás seguro?

Un silencio tenso. MATEO mira su reloj.

MATEO: Vale, han pasado más de quince minutos. Dijimos que solo un vistazo rápido.

LUCÍA: *(En tono de súplica).* Quedaos. Si conseguís resolver el misterio y encontráis el corazón

	de la fábrica, la salvaréis. Y a cambio recibiréis algo muy especial.
EMMA:	*(Intrigada).* ¿Algo como qué?
LUCÍA:	Algo que habéis perdido sin daros cuenta. Tenéis dos horas.
BRUNO:	*(Emocionado).* ¡Como un *escape room* de verdad! ¡Con tiempo límite y todo!

De repente, se escuchan de nuevo los pasos pesados, ahora más cercanos.

LUCÍA:	*(Alarmada).* ¡El Guardián! ¡Viene hacia aquí!
BRUNO:	*(Entrando en pánico).* ¡Nos va a pillar!
ÁLEX:	*(Mirando a su alrededor).* ¡Rápido, ahí detrás!

Los niños corren a esconderse detrás de máquinas y estanterías. LUCÍA permanece en el centro, extrañamente tranquila.

EMMA:	*(Susurrando desde su escondite).* ¡Lucía, escóndete tú también!
LUCÍA:	*(Sonriendo).* No me preocupa el Guardián. No puede verme si yo no quiero.

ACTO I
ESCENA 5

Las luces bajan de intensidad. Se proyecta la silueta enorme del GUARDIÁN en una pared. Es una figura imponente que lleva una linterna. Puede representarse con un actor en silueta.

GUARDIÁN: *(Con voz grave y profunda).* Sé que hay alguien aquí. He oído voces.

Examina el espacio con su linterna. Los niños contienen la respiración. La luz pasa cerca de sus escondites pero no los descubre. LUCÍA permanece en medio de la habitación, completamente visible para el público pero aparentemente invisible para el GUARDIÁN.

GUARDIÁN: *(Suspirando).* Otra vez estas máquinas viejas haciendo ruidos... *(Murmurando para sí mismo).* Debería haberme jubilado hace años.

El GUARDIÁN se detiene al lado de unas cajas, muy cerca de LUCÍA.

GUARDIÁN: *(Extrañado).* Qué raro..., no recuerdo haber puesto estas cajas aquí.

Abre una de las cajas y saca un tren de madera. Lo mira con nostalgia.

GUARDIÁN: *(Con voz más suave, casi triste).* El primer
              modelo que fabricamos... *(Acaricia el tren).*
              Qué tiempos aquellos.

Deja el tren con cuidado en la caja. Mira a su alrededor una última vez y se dispone a salir.

GUARDIÁN: Pronto no quedará nada de todo esto. *(Suspira).* Solo recuerdos.

Sale del escenario. Las luces se apagan un momento detrás de su linterna. Cuando vuelven a encenderse, Lucía también ha desaparecido.

ACTO I
ESCENA 6

Los niños esperan un momento y luego salen lentamente de sus escondites.

MATEO: *(Confundido).* ¿Ha dicho «fabricamos»? ¿Trabajaba aquí?

NORA: *(Pensativa).* Y parecía... triste.

EMMA: *(Mirando a su alrededor).* ¿Dónde está Lucía?

Todos miran alrededor, pero Lucía no está. En su lugar hay un viejo mapa de la fábrica con algunas zonas marcadas en rojo.

ÁLEX: *(Tomando el mapa).* ¡Mirad esto! Es como el plano de la fábrica. Y hay marcas que señalan diferentes salas.

BRUNO: *(Acercándose entusiasmado).* ¡Y hay algo escrito! Parece... un acertijo.

Álex sostiene el mapa mientras todos se acercan a leer.

NORA: *(Leyendo).* «Para encontrar el corazón que da vida a la fábrica, primero debéis recordar cómo vivir. Cinco pruebas tendréis que superar, cinco juegos tendréis que jugar».

EMMA:	*(Señalando las marcas rojas).* Cada marca debe de ser una de las pruebas.
MATEO:	*(Alejándose).* Esto es una locura. ¿De verdad vamos a seguir un mapa que nos ha dejado una niña perturbada que aparece y desaparece sin más?
BRUNO:	*(Emocionado).* ¡Yo voto que sí! ¡Esto es más emocionante que ningún *escape room!*
ÁLEX:	*(Estudiando el mapa).* Además, todas estas salas están en el mismo piso. No tenemos que subir escaleras. No parece peligroso.
NORA:	*(Mirando su reloj).* Son solo las siete menos cuarto. Tenemos dos horas.
MATEO:	*(Rendido).* Vale, pero a la mínima cosa rara nos vamos. Y me refiero a más rara de lo que ya es todo esto.

Se escucha de nuevo la melodía de la caja de música, ahora proveniente de una de las salas marcadas en el mapa.

ÁLEX:	*(Señalando en esa dirección).* ¡Viene de allí! De la primera marca del mapa.
BRUNO:	¡Vamos!
NORA:	*(Antes de salir, mirando a su alrededor).* ¿No tenéis la sensación de que nos están observando?
MATEO:	*(Nervioso).* Gracias, Nora. Justo lo que necesitaba oír.
ÁLEX:	*(Con decisión).* Venga, vamos. ¡No podemos desperdiciar ni un minuto! Tenemos dos horas...

Los niños salen del escenario. Unos segundos después, los JUGUETES *cobran vida completamente y comienzan una alegre celebración silenciosa. Desde lo alto, reaparece* LUCÍA, *observándolo todo con una sonrisa.*

LUCÍA: *(Al público).* Y así empieza el juego... *(Acariciando a su muñeca).* ¿Tú qué piensas, Clarita? ¿Crees que recordarán cómo se juega de verdad?

Las luces se atenúan gradualmente mientras LUCÍA *y los* JUGUETES *desaparecen entre las sombras y vuelve a sonar la caja de música.*

ACTO II
ESCENA 1

Sala de las muñecas. En ella hay MUÑECAS *de distintas épocas y estilos: de porcelana, de trapo, modernas, antiguas. El espacio está iluminado por una luz rosa tenue.* EMMA *y* NORA *han entrado solas, mientras los demás han ido a explorar otra sala.*

EMMA: ¿Por qué se habrán separado los chicos? Álex dijo que nadie debía quedarse solo.

NORA: Bruno quería ver la sala de los robots y Mateo lo siguió para no quedarse solo. Y Álex fue detrás para que no se metieran en líos.

NORA saca su libreta y empieza a anotar detalles del lugar.

EMMA: Es increíble, estas muñecas están perfectas, con los años que han pasado...

NORA: Es como si alguien las hubiera estado cuidando.

EMMA se acerca a una MUÑECA *de porcelana especialmente hermosa, muy parecida a una que ella solía tener.*

EMMA: Mira esta, es casi igual que la mía.

Cuando EMMA *se da la vuelta para mostrarle la* MUÑECA *a* NORA, *otras* MUÑECAS *giran ligeramente la cabeza para seguirla con la mirada.*

NORA: Emma... No te muevas.
EMMA: ¿Qué pasa?
NORA: Juraría que esa muñeca no estaba mirando hacia aquí hace un momento.

EMMA *se gira rápidamente y todas las* MUÑECAS *vuelven a su posición original.*

EMMA: Estás viendo cosas. Son solo muñecas.

De repente, la melodía de una caja de música empieza a sonar. Una de las MUÑECAS *más grandes comienza a moverse lentamente, como una bailarina mecánica.*

NORA: ¿Crees que tienen algún mecanismo antiguo que se ha activado?
EMMA: No sé. Esto es muy raro.

La MUÑECA BAILARINA *se detiene y, para asombro de las niñas, habla. Su voz puede ser interpretada por una actriz del* CORO DE MUÑECAS *hablando desde fuera de escena.*

MUÑECA
BAILARINA: Bienvenidas a la sala de las muñecas. Hacía mucho tiempo que nadie nos visitaba.

EMMA *y* NORA *retroceden asustadas.*

EMMA:	¿Ha... hablado?
MUÑECA BAILARINA:	Por supuesto que hablo. Todas podemos hablar cuando es necesario.

Gradualmente, otras MUÑECAS comienzan a moverse, asintiendo, girando, cobrando vida.

NORA:	No puede ser.
MUÑECA BAILARINA:	En esta fábrica, todo puede ser si tienes la mente abierta y sabes jugar.

El CORO DE MUÑECAS comienza a rodear a las niñas, moviéndose de forma algo rígida pero grácil.

CORO DE MUÑECAS:	Llevábamos años queriendo encontrar a niños y niñas que sepan jugar. Que tengan historias, cuentos que contar, libres de pantallas para imaginar.
EMMA:	Es como un sueño...
MUÑECA BAILARINA:	No es un sueño, Emma. Es la magia de la fábrica. Pero esta magia está en peligro.
NORA:	¿Cómo sabes su nombre?
MUÑECA BAILARINA:	Las muñecas sabemos muchas cosas. Hemos visto crecer a generaciones de niños. Pero ahora nos han olvidado.

EMMA:	Yo nunca he jugado con muñecas. Mi madre me compró algunas, pero...
MUÑECA BAILARINA:	Pero no sabías qué hacer con ellas, ¿verdad? No sabías cómo jugar.
EMMA:	Supongo que no.
MUÑECA BAILARINA:	¿Te gustaría aprender?

EMMA duda un momento, pero luego asiente, curiosa.

MUÑECA BAILARINA:	Para encontrar la primera pista hacia el corazón de la fábrica, jugaremos al corro. Es un juego tradicional que se ha jugado durante siglos.

El CORO DE MUÑECAS forma un círculo e invita a EMMA y NORA a unirse. Las niñas dudan.

NORA:	No sé..., esto es un poco infantil, ¿no?
CORO DE MUÑECAS:	¿Cómo lo sabes si nunca lo has probado?

EMMA, superando su vergüenza, entra en el círculo.

EMMA:	Vamos, Nora. Es solo un juego.

NORA guarda su libreta y se une también. El CORO DE MUÑECAS comienza a cantar una canción de corro sencilla mientras bailan. Poco a poco, EMMA y NORA se dejan llevar, primero torpes, luego con más confianza.

MUÑECA
BAILARINA: Así es. Dejad que la imaginación os guíe.

Mientras bailan, las luces cambian de color, creando un efecto mágico. EMMA empieza a reír genuinamente, sorprendida de lo bien que se siente.

EMMA: ¡Esto es divertido! ¡Nora, lo estás haciendo genial!

NORA: ¡Es como si ya supiera los pasos!

MUÑECA
BAILARINA: Vuestros cuerpos recuerdan lo que vuestras mentes han olvidado. Esto es jugar de verdad: crear, imaginar, sentir.

La danza llega a su punto culminante y todas se detienen, formando una estrella con sus brazos extendidos. De pronto, desde el centro del círculo, surge un brillo rosa. Un compartimento secreto se ha abierto, revelando una llave antigua decorada con mariposas.

MUÑECA
BAILARINA: Habéis superado la primera prueba. Esta llave abre el montacargas del ala este. Os llevará un paso más cerca del corazón de la fábrica.

EMMA toma la llave con cuidado.

EMMA:	Gracias. Ha sido... mágico.
NORA:	Nunca pensé que podría ser tan divertido hacer algo tan simple.
MUÑECA BAILARINA:	Lo simple suele ser lo más profundo, Nora. No lo olvides.
MUÑECA BAILARINA:	Ahora debéis continuar vuestro camino. Los demás os necesitan para sus propias pruebas.
NORA:	¿Volveremos a veros?
MUÑECA BAILARINA:	Siempre estaremos aquí para quienes quieran jugar de verdad. Y recordad: lo que habéis sentido aquí hoy es solo el comienzo.

La luz comienza a atenuarse, y las MUÑECAS *vuelven lentamente a sus posiciones originales.*

ACTO II
ESCENA 2

Sala de los robots y figuras de acción. Predominan tonos metálicos, azules y plateados. BRUNO y MATEO exploran el espacio, mientras que ÁLEX se ha quedado/a rezagado/a en el pasillo revisando el mapa

BRUNO:	¡Esto es una pasada! Mira cuántos robots antiguos.
MATEO:	Solo son juguetes viejos. Ni siquiera tienen tecnología de verdad.
BRUNO:	Pero mola el diseño. Este parece salido de una peli de ciencia ficción de los ochenta.

BRUNO toca uno de los ROBOTS. En ese momento, las luces parpadean.

MATEO:	No toques nada, tío. Este sitio es raro de narices.
BRUNO:	¿Ahora quién es el miedoso?

BRUNO se aparta del ROBOT. Sin que los chicos lo noten, el ROBOT gira lentamente la cabeza para seguirlos con la mirada.

MATEO:	No es miedo. Es sentido común.

Un sonido mecánico interrumpe la conversación. Los ROBOTS comienzan a moverse sincronizadamente, como cobrando vida. Los chicos retroceden alarmados.

MATEO: ¿Qué está pasando?

Los ROBOTS forman una formación perfecta y, de entre ellos, surge el ROBOT COMANDANTE, más grande y vistoso que los demás.

ROBOT
COMANDANTE: Unidades humanas detectadas. Iniciando protocolo de evaluación.
BRUNO: ¡Está hablando! ¡Está hablando de verdad!
ROBOT
COMANDANTE: Afirmativo. Este sistema está programado para comunicarse en lenguaje humano.
MATEO: Esto no puede estar pasando.
ROBOT
COMANDANTE: Error. Está pasando. Sus sensores biológicos necesitan recalibrarse.

BRUNO suelta una carcajada. MATEO sigue en shock.

ROBOT
COMANDANTE: Análisis preliminar: sujetos humanos incapaces de utilizar correctamente su imaginación. Años de inactividad detectados.
BRUNO: ¿Qué quieres decir?

ROBOT
COMANDANTE: Esta unidad observa que ustedes ya no saben jugar. Solo interactúan con pantallas preprogramadas. Han olvidado cómo crear sus propias aventuras.

MATEO: Eso no es cierto. Creamos cosas en *Minecraft* todo el tiempo.

ROBOT
COMANDANTE: Afirmativo. Pero hay que llevar eso al mundo real. Nosotros proponemos un desafío: una misión que requiere trabajo en equipo e imaginación.

Los ROBOTS se reorganizan, formando una especie de campo de obstáculos en el centro de la sala.

ROBOT
COMANDANTE: La misión: rescatar la llave de control del núcleo central. Dificultad: requiere coordinación perfecta entre dos unidades humanas.

En el centro del campo de obstáculos, se ilumina una pequeña caja fuerte metálica.

BRUNO: ¿Es parte del juego para encontrar el corazón de la fábrica?

ROBOT
COMANDANTE: Afirmativo. Sin esta clave, no podrán avanzar a la siguiente fase.

MATEO: Esto es ridículo. Son solo juguetes viejos.

ROBOT
COMANDANTE: Este sistema detecta miedo y resistencia. El
                sujeto teme fallar. Teme a lo desconocido.

MATEO: ¡Yo no tengo miedo!

BRUNO: Venga, ¿lo intentamos? Es como un video-
                juego, pero en la vida real.

MATEO duda, pero finalmente asiente.

ROBOT
COMANDANTE: Instrucciones: uno dirige, el otro ejecuta.
                Deben intercambiar roles cada veinte se-
                gundos. No pueden tocar el suelo marcado
                en rojo. Si fallan, reinician.

*Se activa una luz azul que ilumina todo el campo de obstácu-
los. Los ROBOTS se mueven, creando un camino cambiante que
los chicos deben atravesar.*

BRUNO: ¡Yo empiezo! Mateo, tú me dices por dónde
                ir.

MATEO: Vale, ve por la izquierda, luego salta sobre
                ese bloque azul.

*BRUNO comienza a moverse según las indicaciones de MATEO.
Los ROBOTS bloquean y desbloquean caminos, haciendo que el
desafío sea dinámico. Después de unos momentos, suena una
alarma.*

ROBOT
COMANDANTE: Intercambio de roles.

Bruno y Mateo cambian posiciones. Ahora Mateo avanza mientras Bruno dirige. Al principio, Mateo está tenso y rígido.

BRUNO: ¡Relájate! No es un examen. Es un juego.

Poco a poco, Mateo empieza a disfrutar del desafío. Sonríe cuando logra un salto particularmente difícil.

MATEO: ¡Esto no está tan mal!

Después de varios intercambios, los chicos llegan finalmente a la caja fuerte. Bruno la alcanza justo cuando entra Álex a la sala.

ACTO II
ESCENA 3

ÁLEX: ¿Qué está pasando aquí?

Los ROBOTS se congelan inmediatamente. El ROBOT COMANDAN-TE queda en posición de saludo.

BRUNO: ¡Álex! ¡No te vas a creer esto! ¡Los robots es-
                 tán vivos!
ÁLEX: ¿Qué?
MATEO: Es verdad. Hemos tenido que superar una
                 prueba.

ÁLEX mira a los ROBOTS, que permanecen completamente in-móviles.

ÁLEX: A mí me parecen juguetes normales.
BRUNO: Porque te han visto entrar. Estaban mo-
                 viéndose, hablando... ¡Todo!

BRUNO abre la caja fuerte y dentro encuentra una serie de nú-meros grabados en una placa metálica.

BRUNO: Es como un código.
ÁLEX: Debe de ser parte del juego que nos dijo
                 Lucía. ¿Para qué sirve?

| MATEO: | Según el robot, es una clave para avanzar. |
| ÁLEX: | ¿Qué robot? |

MATEO señala al ROBOT COMANDANTE, que sigue inmóvil.

MATEO:	Ese de ahí. Me da igual si me crees o no, pero acaba de ponernos una prueba. Y la hemos superado.
ÁLEX:	Os creo. Emma y Nora también han visto algo extraño en la sala de las muñecas. Y han encontrado una llave.
BRUNO:	¿Una llave? Nosotros tenemos un código. A lo mejor van juntos.
ÁLEX:	Vamos con las chicas. Tenemos que poner toda la información en común.

Los tres salen de la sala. En cuanto desaparecen, los ROBOTS vuelven a la vida, moviéndose con satisfacción.

ROBOT
COMANDANTE: Fase 1 completada. Iniciando preparativos para fase 2.

Los ROBOTS forman una nueva configuración, como preparándose para otro desafío.

ACTO II
ESCENA 4

Un pasillo que conecta las diferentes salas de la fábrica. EMMA y NORA vienen por un lado, mientras que BRUNO, MATEO y ÁLEX llegan por el otro. Se les ve emocionados y hablan todos a la vez.

EMMA: ¡No os vais a creer lo que hemos visto!

BRUNO: ¡Las muñecas han cobrado vida!

NORA: ¿Cómo lo sabes?

MATEO: Porque también han cobrado vida los robots de nuestra sala.

ÁLEX: Vale, calma todo el mundo. Vamos por orden.

ÁLEX extiende el mapa en el suelo y todos se agachan alrededor.

ÁLEX: Según esto, hay cinco salas que tenemos que visitar. Ya hemos estado en dos: la de las muñecas y la de los robots.

EMMA: Nosotras encontramos esta llave. Supuestamente abre el montacargas del ala este.

BRUNO: Y nosotros encontramos este código. No sabemos para qué sirve.

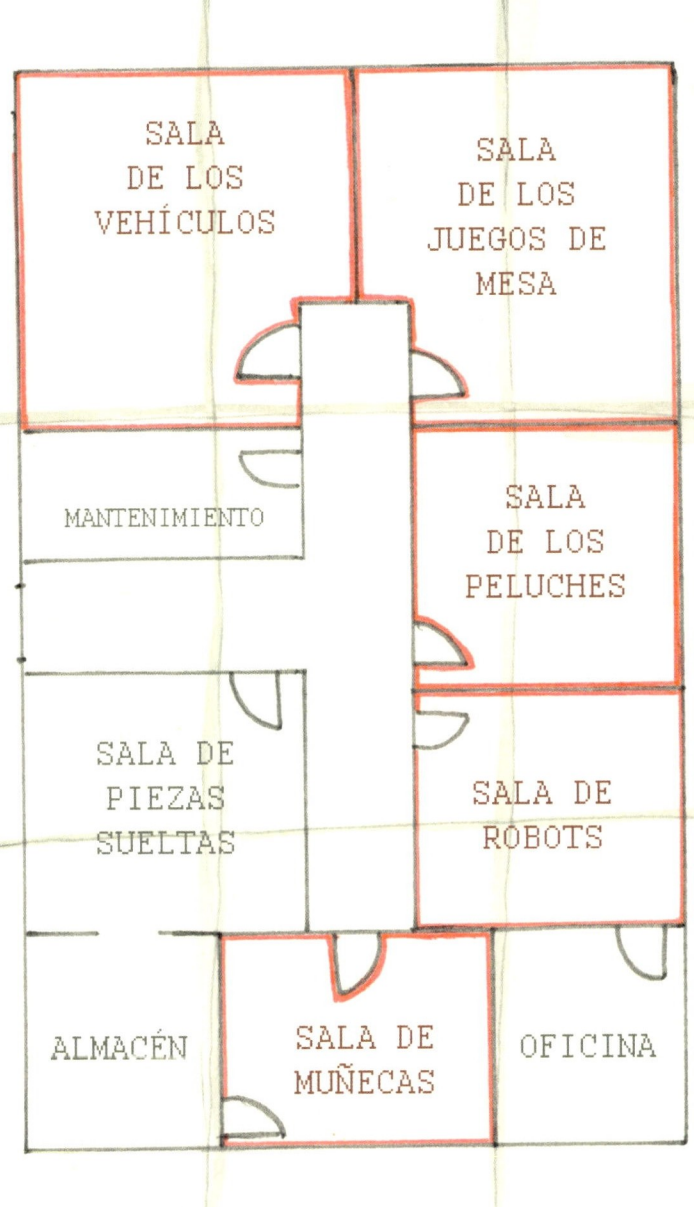

SALA DE LOS VEHÍCULOS

SALA DE LOS JUEGOS DE MESA

MANTENIMIENTO

SALA DE LOS PELUCHES

SALA DE PIEZAS SUELTAS

SALA DE ROBOTS

ALMACÉN

SALA DE MUÑECAS

OFICINA

NORA:	Yo creo que cada tipo de juguete nos está dando una parte de lo que necesitamos para llegar al corazón de la fábrica.
ÁLEX:	Según el mapa, aún nos faltan la sala de juegos de mesa, la de los animales de peluche y la de los vehículos.
MATEO:	Pues vamos a la siguiente. Cuanto antes acabemos, antes salimos de aquí.

De repente, se escuchan los pesados pasos del GUARDIÁN acercándose.

ÁLEX:	¡El Guardián otra vez!
BRUNO:	¡Vamos, por aquí!

ACTO II
ESCENA 5

*Los niños se esconden en un pequeño cuarto de mantenimiento justo cuando el G*ᴜᴀʀᴅɪᴀ́ɴ *pasa por el pasillo. A través de la puerta entreabierta, lo ven examinar el espacio con su linterna.*

GUARDIÁN: Qué extraño..., las luces de las salas este y oeste están encendidas. Y el montacargas..., alguien ha estado tocando los controles.

El GUARDIÁN saca una vieja fotografía de su bolsillo y la mira con nostalgia.

GUARDIÁN: A ella le gustaría ver esto otra vez en funcionamiento. Pero es demasiado tarde ya...

Guarda la foto y continúa su ronda, alejándose por el pasillo.

ACTO II
ESCENA 6

NORA:	¿Habéis visto eso? Tenía una foto.
MATEO:	¿De quién sería?
EMMA:	¿Y si era de Lucía?
BRUNO:	¿Creéis que Lucía es real? Quiero decir, aparece y desaparece.
ÁLEX:	No sé qué pensar ya. Pero tenemos que seguir.

Salen del cuarto cuando el pasillo está despejado. Al fondo ven una luz dorada.

EMMA:	Mirad, allí.

Una figura breve y etérea de LUCÍA aparece al final del pasillo, señalando hacia una puerta, antes de desvanecerse.

MATEO:	Vale, eso ha sido espeluznante.
NORA:	Quiere que vayamos por ahí.
ÁLEX:	Es la sala de los juegos de mesa, según el mapa.

Avanzan hacia la puerta señalada. Cuando están a punto de entrar, EMMA se detiene.

EMMA:	Esperad. ¿No os parece raro que todo esto sea tan... perfecto? Como si alguien lo hubiera preparado para nosotros.

BRUNO: Es un juego, claro que está preparado.

EMMA: No, me refiero a... ¿por qué nosotros? ¿Por qué hoy?

BRUNO: ¿Qué más da? Estamos aquí y es increíble. Mágico.

Los cinco intercambian miradas, entre asombrados y confusos, pero también emocionados. Por primera vez, incluso MATEO *parece intrigado genuinamente.*

ÁLEX: Vamos a por la siguiente prueba. Ya pensaremos sobre todo esto después.

Entran juntos en la sala de los juegos de mesa. Las luces bajan gradualmente en el pasillo, mientras se ilumina la nueva sala donde los esperan nuevos retos.

ACTO III
ESCENA 1

La sala de los juegos de mesa. Iluminación cálida en tonos ámbar y madera. Grandes estanterías llenas de cajas de juegos antiguos, tableros de ajedrez y damas suspendidos en las paredes. En el centro, una mesa grande de madera con un rompecabezas a medio terminar. Los JUEGOS DE MESA están personificados por actores que adoptan formas geométricas (cuadrados, círculos, triángulos). representando fichas de diversos juegos.

Los cinco niños entran en la sala, mirando con asombro.

ÁLEX: Mirad cuántos juegos. Algunos parecen antiquísimos.

MATEO: Seguro que son aburridísimos. Sin niveles, sin avatares, sin clasificaciones *online*...

NORA: Mi abuela dice que antes los juegos reunían a toda la familia. Podían estar jugando horas.

BRUNO: ¿Horas? ¿A un juego de cartón? Imposible.

EMMA se acerca a la mesa central y examina con cuidado el rompecabezas.

EMMA: Alguien estaba montando esto...

Cuando toca una pieza, los JUEGOS DE MESA *cobran vida. Se desplazan en patrones geométricos precisos, como fichas moviéndose en un tablero invisible. De entre ellos se adelanta el* REY DE AJEDREZ, *una figura imponente con una corona.*

REY DE
AJEDREZ: Bienvenidos al reino de la estrategia y el pensamiento. Llevamos mucho tiempo esperando adversarios dignos.

Los niños retroceden sorprendidos.

BRUNO: ¡Ahora son los juegos de mesa! ¿Es que todo en esta fábrica está vivo?

REY DE
AJEDREZ: No exactamente vivos, joven jugador. Digamos que... conservamos la esencia de todos los que han jugado con nosotros a lo largo de los años.

NORA: ¿Sois... recuerdos?

REY DE
AJEDREZ: Somos experiencias, momentos de alegría, frustración, victoria y derrota. Somos las risas compartidas y las lecciones aprendidas.

MATEO *pone los ojos en blanco.*

MATEO: Muy poético, pero ¿qué tenemos que hacer aquí? Supongo que también hay una prueba, ¿no?

La REINA DE CORAZONES (de cartas) avanza dando pequeños saltos.

REINA DE
CORAZONES: Tan impaciente... Los jóvenes de hoy no saben esperar. Todo lo quieren al instante.

MATEO: ¡Eh! Que no somos bebés.

REINA DE
CORAZONES: Pues demostradlo. La paciencia es una virtud que se aprende jugando. Y en vuestro caso, resolviendo esto.

Las piezas del rompecabezas de la mesa comienzan a brillar. El DADO sale rodando hacia ellos.

DADO: Para conseguir la siguiente pista, debéis completar el rompecabezas. Pero cuidado: cada pieza que coloquéis incorrectamente hará que otras cambien de posición.

ÁLEX: ¿Un rompecabezas que cambia? Eso no tiene sentido.

REY DE
AJEDREZ: En el juego, como en la vida, las reglas pueden cambiar. Adaptarse es parte del desafío.

Los niños se acercan a la mesa y comienzan a trabajar en el rompecabezas. Después de unos intentos, BRUNO se frustra.

BRUNO: ¡Esto es imposible! Cada vez que ponemos una pieza bien, otras tres se mueven.

ÁLEX:	Tiene que haber alguna lógica. Vamos a intentarlo una vez más, todos juntos.
MATEO:	Es una pérdida de tiempo.
EMMA:	¿Cuál es tu problema, Mateo? Desde que llegamos no has hecho más que quejarte.
MATEO:	Mi problema es que estamos encerrados en una fábrica abandonada, hablando con juguetes que no deberían hablar, ¡y actuáis como si fuera lo más normal del mundo!
EMMA:	¿Y qué quieres hacer? ¿Irte? Pues vete. Pero nosotros queremos resolver esto.

Silencio tenso. MATEO parece dolido.

MATEO:	No es que quiera irme. Es que... tengo miedo, ¿vale? Todo esto es demasiado raro.

La confesión sorprende a todos. NORA se acerca a él.

NORA:	Todos tenemos miedo, Mateo. Pero estamos juntos en esto.
ÁLEX:	Además, piénsalo..., ¿cuántas personas pueden decir que han vivido algo así? Es como estar dentro de un videojuego... o de un libro.

MATEO asiente lentamente.

MATEO:	Vale. De todas formas, seguro que me despertaré pronto y todo habrá sido un sueño rarísimo.

Bruno le da una palmada amistosa en la espalda.

BRUNO: Si es un sueño, al menos es uno de los bue-
              nos.

*Los niños vuelven a concentrarse en el rompecabezas. Esta vez
trabajan más coordinados.*

EMMA: Esperad, me he dado cuenta de algo. Las
              piezas no se mueven al azar. Cada vez que
              ponemos una, las que cambian tienen el
              mismo símbolo.

NORA: ¡Es verdad! Mirad, todas estas tienen una es-
              trella pequeña en la esquina.

ÁLEX: Y estas otras tienen una luna. Es como si es-
              tuvieran conectadas.

BRUNO: ¡Como una red! Si movemos esta primero...

*Poco a poco, van descifrando la lógica del rompecabezas. Los
Juegos de mesa observan con aprobación, moviéndose alrededor en patrones cada vez más armoniosos.*
*Finalmente, colocan la última pieza. El rompecabezas com-
pleto muestra un mapa detallado de la fábrica, con una ruta
marcada en rojo que lleva a una zona no identificada en los
planos anteriores.*

NORA: ¡Lo conseguimos! ¡Es un mapa de la fábrica!
              Pero mirad esa ruta marcada en rojo. Lleva a
              un sitio que no estaba en el otro mapa.

REY DE AJEDREZ:	Bien jugado. Habéis demostrado que podéis pensar juntos, como un equipo.
REINA DE CORAZONES:	Y lo más importante: habéis aprendido que cada acción tiene consecuencias en los demás. En un juego de verdad, todos están conectados.

El rompecabezas se ilumina y del centro surge un compartimento oculto. Dentro hay una llave pequeña con forma de pieza de ajedrez.

DADO:	Esta llave abre el pasaje secreto del sótano. Os llevará directamente al corazón de la fábrica..., si es que podéis encontrarlo.
ÁLEX:	¿El sótano? No aparece en ninguno de los mapas que tenemos.
REY DE AJEDREZ:	Porque fue sellado hace muchos años. Solo quienes comprenden el verdadero valor del juego pueden encontrarlo.

De pronto, se escucha un ruido metálico en algún lugar distante de la fábrica.

BRUNO:	¿Qué ha sido eso?
REINA DE CORAZONES:	El Guardián ha activado el sistema antiguo. Tiene prisa por terminar su trabajo.

NORA:	¿Qué trabajo?
REY DE AJEDREZ:	Quizá deberíais preguntárselo a él. No todo es lo que parece en esta fábrica.

Los JUEGOS DE MESA comienzan a regresar a sus posiciones.

DADO:	Debéis daros prisa. Quedan dos salas más para que podáis usar esta llave.
EMMA:	¿Y Lucía? ¿Dónde está?
REY DE AJEDREZ:	Os está esperando, pero primero debéis completar vuestro viaje.

Los JUEGOS DE MESA quedan inmóviles. Los niños recogen la llave y el mapa actualizado.

ÁLEX:	Según esto, la siguiente sala es la de los animales de peluche.
MATEO:	¿Estáis seguros de querer seguir?

BRUNO mira a todos.

BRUNO:	Yo sí. Nunca he sentido que algo fuera tan... real. Aunque sea magia o lo que sea.
NORA:	Yo también quiero seguir. Necesito entender de qué va todo esto.
EMMA:	Y yo. Además, creo que Lucía nos necesita, aunque no sé por qué.

ÁLEX: Entonces está decidido. ¡Vamos!

*Salen de la sala mientras las luces se atenúan gradualmente. Los J*UEGOS DE MESA *cobran vida una última vez, moviendo fichas sobre un tablero invisible como si estuvieran planeando los siguientes movimientos en un juego mucho más grande.*

ACTO III
ESCENA 2

Sala de los animales de peluche. A diferencia de las otras salas, esta tiene una atmósfera más acogedora y cálida. Luces suaves en tonos verdes y amarillos. Hay animales de peluche de todos los tamaños distribuidos por toda la sala, aparentemente inanimados.
*M*ATEO *entra solo, separado del grupo. Parece preocupado y un poco asustado.*

MATEO: ¿Chicos? ¿Dónde estáis?

Silencio. MATEO avanza lentamente, iluminando con su linterna.

MATEO: Genial. Les digo que no nos separemos y
                son ellos los que desaparecen.

*Se sienta en un banco, cansado. Mira con curiosidad un oso
de peluche que hay cerca de él.*

MATEO: Tú también vas a cobrar vida y darme un
                susto, ¿verdad?

*Para su sorpresa, el OSO asiente levemente. MATEO pega un
brinco, sobresaltado.*

MATEO: ¡Lo sabía!

El OSO le mira, ladeando la cabeza con curiosidad.

OSO: ¿Por qué estás solo?
MATEO: No sé. Me quedé atrás en el grupo. No se ha-
                brán dado cuenta. De todas formas da igual.
                Todo esto es un sueño.
OSO: ¿Eso crees?
MATEO: Bueno, no parece un sueño..., pero es que
                no puede ser real.
OSO: Ven conmigo. Quiero enseñarte algo.

MATEO duda, pero finalmente lo sigue. Entre unas cortinas, encuentra una vieja maleta de cuero.

OSO: Ábrela.

MATEO abre la maleta. Dentro hay fotografías antiguas, planos y documentos de la fábrica.

MATEO: ¿Qué es todo esto?
OSO: La historia de este sitio. Y de los niños que jugaron aquí.

MATEO examina una fotografía donde aparecen dos ancianos sonrientes rodeados de niños con juguetes. Entre ellos, hay una niña que se parece mucho a LUCÍA. La foto se puede proyectar detrás para que el público también la vea.

MATEO: Es ella... ¿Lucía?
OSO: Quizá. O quizá sea su abuela.

Mientras MATEO examina más fotos, el resto de PELUCHES comienza a moverse sigilosamente, acercándose. Entran ÁLEX y BRUNO buscando a MATEO.

ÁLEX: ¡Mateo! ¿Qué haces aquí solo?
BRUNO: Te hemos buscado por todas partes.

MATEO levanta la vista, sorprendido y emocionado con su descubrimiento.

MATEO: ¡Chicos, mirad esto! Es como un archivo de la fábrica.

Antes de que puedan acercarse, los PELUCHES cobran vida completamente, formando un círculo alrededor de ellos. El OSO GRANDE, líder de los peluches, avanza.

OSO GRANDE: Habéis entrado en nuestro santuario. Aquí guardamos los recuerdos más preciados.

ÁLEX: ¿Dónde están Emma y Nora?

OSO GRANDE: Vuestras amigas están a salvo, explorando otra sala. Todos os reuniréis pronto, si superáis vuestra prueba.

BRUNO: ¿Qué tenemos que hacer?

OSO GRANDE: Los animales de peluche somos guardianes de los secretos y los miedos de los niños. Nos cuentan lo que no se atreven a decir a nadie más.

Los PELUCHES se acercan más, algunos acariciando suavemente a los niños, otros ofreciéndoles pequeños objetos brillantes.

OSO GRANDE: Vuestra prueba es simple pero difícil: debéis compartir vuestro miedo más profundo. Aquel que guardáis solo para vosotros.

Los tres amigos se miran incómodos.

BRUNO: ¿Es una broma? Los chicos no hablamos de esas cosas.

OSO GRANDE: Por eso muchos crecéis solos por dentro. Encerrados en vuestros miedos.

Silencio incómodo. Finalmente, MATEO da un paso adelante.

MATEO: Yo empiezo. Mi mayor miedo es... no ser lo suficientemente bueno. Por eso me paso la vida con los videojuegos. Ahí puedo ser quien quiera, puedo ser el mejor. En la vida real... no.

Los PELUCHES asienten con comprensión. BRUNO mira a MATEO con sorpresa.

BRUNO: Yo... tengo miedo de decepcionar a mi familia. Mi padre siempre dice que soy el valiente, el fuerte. Pero muchas veces no es verdad, estoy asustado y no sé qué hacer. Solo finjo ser valiente.

ÁLEX: Pues... mi mayor miedo es la soledad. Por eso siempre estoy organizando cosas, haciendo planes... Tengo miedo de que, si no soy útil, los demás pasarán de mí.

Tras estas confesiones, los PELUCHES forman un círculo protector alrededor de los niños.

OSO GRANDE: Lo habéis hecho muy bien. Reconocer el miedo es la mayor valentía.

El Oso entrega a Mateo una figura metálica con forma de oso.

OSO GRANDE: Esta es vuestra recompensa. Es la pieza que activa el mecanismo del sótano. Sin ella, la llave no servirá.

MATEO: Gracias.

Mateo guarda la pieza, pero sigue mirando la maleta.

MATEO: ¿Puedo llevarme algunas de estas fotos? Creo que son importantes para entender lo que está pasando.

OSO GRANDE: Podéis llevaros una. Elegid bien.

Los chicos examinan las fotos y Mateo escoge la que muestra a la niña parecida a Lucía con los ancianos.

BRUNO: ¿Ahora qué hacemos? ¿Buscamos a Emma y a Nora?

ÁLEX: Según el mapa, deberían estar en la sala de vehículos. Es la última que nos queda.

Se escucha un ruido fuerte, como de maquinaria pesada poniéndose en marcha.

OSO GRANDE: El tiempo se agota. El Guardián ha comenza-
do los preparativos finales. Debéis daros prisa.

*Los chicos se despiden y salen de la sala. Los PELUCHES vuelven
a sus posiciones, excepto el OSO, que sigue mirando hacia
donde se fue MATEO.*
*Las luces disminuyen suavemente mientras los PELUCHES for-
man una última coreografía protectora, como velando el sueño de niños invisibles.*

ACTO III
ESCENA 3

Sala de los vehículos. Hay todo tipo de vehículos: coches, trenes, aviones, barcos. EMMA y NORA exploran la sala, fascinadas.

EMMA: ¡Esto es increíble! Mira todos estos coches antiguos.

NORA: Están nuevos. Como si nunca los hubieran usado.

EMMA: ¿Crees que también cobrarán vida?

En ese momento, un tren de juguete comienza a moverse por las vías que rodean la sala. Las chicas se sobresaltan.

NORA: Creo que eso responde a tu pregunta.

El TREN se detiene frente a ellas y emite un silbido. A su alrededor, varios VEHÍCULOS comienzan a moverse, formando una coreografía sincronizada. De entre ellos destaca el COCHE DE CARRERAS, rojo y brillante, que se desplaza hasta quedar frente a las niñas.

COCHE DE
CARRERAS: Bienvenidas, exploradoras. Os estábamos esperando.

EMMA:	Hola. Estamos buscando una pista para encontrar el corazón de la fábrica.
COCHE DE CARRERAS:	Y la encontraréis, pero primero debéis superar nuestra prueba.
NORA:	¿Qué prueba?
COCHE DE CARRERAS:	Nosotros representamos el movimiento, la libertad, la aventura. ¿Cuándo fue la última vez que sentisteis la emoción de explorar algo desconocido?

Las niñas se miran, sin saber qué responder.

COCHE DE CARRERAS:	Lo que me imaginaba. Ahora los niños viajáis mirando las pantallas, pero os olvidáis de viajar con la imaginación.
EMMA:	Eso no es verdad.
COCHE DE CARRERAS:	¿No? ¿Puedes recordar la última vez que jugaste a imaginar un viaje?

EMMA intenta recordar, pero no puede.

NORA:	Mi abuela me contó que cuando era pequeña jugaba con su hermano a que viajaban por todo el mundo con un coche de cartón.

COCHE DE
CARRERAS: ¡Exacto! La imaginación era el combustible.
            No necesitaban más.

*Los VEHÍCULOS forman ahora un círculo alrededor de las ni-
ñas.*

COCHE DE
CARRERAS: Vuestra prueba consiste en crear una ruta
            de aventuras. Tenéis que construirla, y luego
            recorrerla con la imaginación.

*Se encienden luces en diferentes puntos de la sala, revelando
piezas de pista, rampas y puentes en miniatura.*

NORA: ¿Construir un circuito? Nunca he hecho eso.
EMMA: Yo tampoco, pero podemos intentarlo.

*Las niñas comienzan a trabajar, colocando piezas de pista. Al
principio lo hacen con torpeza, pero poco a poco van ganan-
do confianza.*

EMMA: ¿Y si hacemos que pase por debajo del
            puente y luego suba por esta rampa?
NORA: ¡Sí! Y después podría dar una vuelta comple-
            ta en este *looping*.

*Mientras construyen, los VEHÍCULOS las observan y ocasional-
mente les acercan piezas que necesitan. El entusiasmo de las
niñas crece visiblemente.*

NORA:	Esto me recuerda a cuando mi padre me contaba historias de sus viajes. Siempre decía que lo mejor no era llegar, sino todo lo que veías por el camino.
EMMA:	Mi abuelo coleccionaba coches en miniatura. Quería darme su colección, pero le dije que yo pasaba de eso...

Sin darse cuenta, las niñas han creado un elaborado circuito que ocupa gran parte de la sala. El COCHE DE CARRERAS se acerca.

COCHE DE CARRERAS:	Habéis construido un camino, pero falta la parte más importante: la aventura que viviréis en él.
NORA:	¿Cómo hacemos eso?
COCHE DE CARRERAS:	Con la herramienta más poderosa que existe: la imaginación. Cerrad los ojos y contadme: ¿qué veis en vuestro viaje?

Las niñas cierran los ojos. Al principio parecen incómodas, pero luego empiezan a relajarse.

EMMA:	Veo... montañas. Estamos atravesando un paso entre montañas muy altas, con nieve en las cumbres.
NORA:	Y después hay un bosque enorme, con árboles tan altos que casi no dejan pasar la luz.

EMMA: ¡Y un río! Tenemos que cruzar un puente so-
                bre un río caudaloso.

*Mientras hablan, los VEHÍCULOS se mueven silenciosamente,
creando efectos visuales que representan lo que las niñas están describiendo. Pueden ser fotografías proyectadas sobre
ellos de bosques, montañas y ríos.*

NORA: Ahora estamos llegando a un desierto. Hace
                mucho calor y la arena brilla bajo el sol.
EMMA: Pero al final del desierto hay un oasis, con
                palmeras y agua cristalina.

Las niñas siguen con los ojos cerrados, cada vez más absortas en su historia.

COCHE DE
CARRERAS: Y después del oasis, ¿qué encontráis?

EMMA y NORA abren los ojos y ven que el circuito ha cobrado vida. Pequeñas luces de colores iluminan el camino, y los VEHÍCULOS se mueven siguiendo la ruta que ellas han creado.

EMMA: ¡Una tienda de esas de los tuaregs! Por dentro tiene alfombras preciosas...

NORA: ¡Y una lámpara como la de Aladino!

Las luces iluminan una lámpara dorada como la que acaba de nombrar NORA.

COCHE DE
CARRERAS: Habéis superado la prueba. Esta lámpara es la llave para poner en marcha el montacargas que os llevará al sótano.

NORA toma la lámpara con cuidado.

NORA: Gracias. Ha sido... divertido.

EMMA: Más que divertido. Ha sido como viajar de verdad.

COCHE DE
CARRERAS: La imaginación es el vehículo más poderoso que existe. Puede llevarte donde quieras, sin límites ni fronteras.

Se escucha un ruido lejano, como de maquinaria pesada.

COCHE DE
CARRERAS: Debéis daros prisa. El Guardián está prepa-
              rando los últimos detalles para el cierre de-
              finitivo.

NORA: ¿Y qué pasará con los juguetes cuando de-
              rriben la fábrica?

COCHE DE
CARRERAS: Eso depende de vosotros. De lo que decidáis
              hacer con lo que habéis aprendido aquí.

*Los Vehículos comienzan a retroceder lentamente, volviendo
a sus posiciones originales.*

EMMA: Vamos, Nora. Tenemos que encontrar a los
              demás.

*Las niñas se dirigen a la salida, pero antes de irse, Emma se
gira una última vez.*

EMMA: Este ha sido el mejor viaje que he hecho
              nunca.

*Nora asiente, y ambas salen de la sala. Los Vehículos quedan
inmóviles y las luces van cayendo.*

ACTO III
ESCENA 4

Vestíbulo principal de la fábrica. Los cinco niños se reúnen, cada uno con sus hallazgos. La fábrica parece más viva ahora: algunas luces parpadean, se escuchan sonidos mecánicos distantes y ocasionalmente pasan JUGUETES de una sala a otra cuando los niños no están mirando.

ÁLEX:	¿Todos tenéis vuestras piezas? Yo tengo la llave con forma de pieza de ajedrez.
BRUNO:	Nosotro,s este código y esta figurita de oso.
EMMA:	Y nosotras la llave con mariposas y esta lámpara, que es otra llave para el montacargas.
NORA:	Según el mapa, tenemos que ir al centro de la fábrica. Ahí debe estar el montacargas que baja al sótano.
MATEO:	Mirad esto. Lo encontramos en la sala de los peluches.

MATEO muestra la fotografía donde aparecen los ancianos con la niña parecida a LUCÍA.

EMMA:	¡Es Lucía!
MATEO:	O alguien muy parecida a ella. Mira la fecha: 1975. Esta foto tiene casi cincuenta años.
NORA:	Podría ser su abuela.

BRUNO: O su madre.

ÁLEX: O quizá Lucía es...

Nadie se atreve a completar la frase. El sonido de pasos interrumpe la conversación.

ÁLEX: ¡El Guardián!

Los niños se esconden rápidamente detrás de unas cajas. El GUARDIÁN aparece, revisando algunas máquinas. Lleva una carpeta con documentos y parece preocupado.

GUARDIÁN: Mañana será el último día. Después de tantos años... No debería importarme ya, pero...

El GUARDIÁN suspira, dejando la frase sin terminar. Se detiene frente a una pared donde hay una fotografía enmarcada. Es la misma que tienen los niños, pero en mayor tamaño.

GUARDIÁN: Lo siento, Lucía. No pude salvarla. Tu abuelo estaría tan decepcionado...

El GUARDIÁN toca suavemente la fotografía y luego continúa su camino, desapareciendo por un pasillo lateral. Los niños salen de su escondite, conmocionados.

NORA: ¿Habéis oído eso? ¡Conoce a Lucía!

EMMA: Y parece que intenta salvar la fábrica, no cerrarla.

| BRUNO: | Pero ha dicho que mañana era el último día. |
| ÁLEX: | Con más razón debemos darnos prisa. Vamos al montacargas. |

Los niños avanzan hasta una estructura metálica que parece un antiguo montacargas industrial. Tiene un panel con un teclado numérico, ranuras para llaves y un espacio con forma de engranaje.

| ÁLEX: | Debe de ser aquí. Necesitamos usar todo lo que hemos encontrado. |
| BRUNO: | Primero, el código. |

BRUNO introduce el código en el teclado numérico. Se enciende una luz verde.

EMMA: Ahora las llaves.

*EMMA inserta la llave decorada con mariposas en una ranura.
NORA añade la llave con forma de lámpara en otra ranura.
Y ÁLEX la llave con forma de ficha de ajedrez. Giran al uníso-
no y se escucha un clic mecánico.*

MATEO: Y por último, esto.

*MATEO coloca la figura del oso en el espacio con forma de en-
granaje. Encaja perfectamente. El montacargas emite un
zumbido y se activa. La puerta se abre lentamente.*

ÁLEX: Lo conseguimos.

Los niños intercambian miradas, entre emocionados y nerviosos.

MATEO: ¿Estamos seguros de que queremos bajar?
                 No sabemos qué hay ahí abajo.
EMMA: Hemos llegado demasiado lejos para echar-
                 nos atrás.
NORA: Lucía nos está esperando.
BRUNO: Sí. Por fin sabremos quién es realmente.
ÁLEX: Vamos todos juntos. Pase lo que pase, ac-
                 tuaremos como un equipo.

*Los cinco entran en el montacargas. ÁLEX pulsa el único botón
disponible, marcado con un corazón. Las puertas se cierran y
las luces bajan lentamente.*

ACTO III
ESCENA 5

Cuando las luces vuelven a iluminar el escenario, son cálidas y doradas. Los chicos salen del montacargas. Están en el corazón de la fábrica. En el centro del escenario hay un gran mecanismo con forma de corazón. Las paredes están cubiertas de fotografías, dibujos infantiles y cartas. Los cinco niños entran en la sala, maravillados.

BRUNO: Guau... Esto es...
EMMA: Increíble.
NORA: El corazón de la fábrica. Literalmente.

Se acercan despacio a la gran máquina central, que emite sonidos suaves, como latidos. Algunos JUGUETES de todos los grupos están distribuidos por la sala, inmóviles pero expectantes.

MATEO: Mirad todas estas fotografías. Son niños con juguetes de esta fábrica.

ÁLEX: Y estas cartas... son agradecimientos. De niños y de padres.

NORA: «Querida Fábrica Estrella: Gracias por mi osito Tomás. Es mi mejor amigo y me protege de las pesadillas».

BRUNO: «El tren que me regalaron en Navidad me ha hecho feliz cada día. Lo usaré hasta que sea mayor. Y después se lo daré a mis hijos».

Los niños se detienen frente al gran corazón mecánico. Parece funcionar, pero con dificultad, como si estuviera debilitándose.

ÁLEX: Parece que está... muriendo.

MATEO: No está recibiendo suficiente energía.

Se oye una voz detrás de ellos.

LUCÍA: No es energía lo que le falta.

Los niños se giran. LUCÍA está sentada en un viejo sillón de cuero en un rincón. Ahora lleva un vestido blanco sencillo y tiene un resplandor suave a su alrededor.

LUCÍA: Es imaginación. Alegría. El deseo sincero de jugar.

Los niños se acercan a ella, cautivados.

EMMA: Lucía..., ¿quién eres en realidad?

LUCÍA sonríe dulcemente.

LUCÍA: Soy la guardiana de este lugar. La memoria de todos los niños que jugaron aquí, que

	soñaron con estos juguetes, que crecieron con ellos.
MATEO:	Encontramos esta foto. Es de hace cincuenta años. La niña se parece mucho a ti.

Le muestra la fotografía. LUCÍA la mira con nostalgia.

LUCÍA:	Esa niña era yo. O, al menos, parte de mí.
BRUNO:	¿Eres... un fantasma?
LUCÍA:	¿Un fantasma? Puede ser. O a lo mejor soy un recuerdo tan fuerte que no quiere desaparecer. O el último deseo de una fábrica que se resiste a morir.
NORA:	El Guardián habló de ti. Dice que no puede salvar la fábrica, y que tu abuelo estaría decepcionado.
LUCÍA:	Carlos. El viejo Carlos. Ha estado cuidando este lugar durante décadas, intentando mantenerlo vivo. Era el aprendiz de mi abuelo, que fue quien la fundó. Carlos prometió que nunca dejaría que la fábrica muriera, pero al final...

LUCÍA se levanta y camina hacia el corazón mecánico.

LUCÍA:	Esta máquina es especial. Mi abuelo la diseñó para capturar algo que no se puede medir: lo que pasa dentro de los niños cuando juegan. Cada risa, cada momento de asombro,

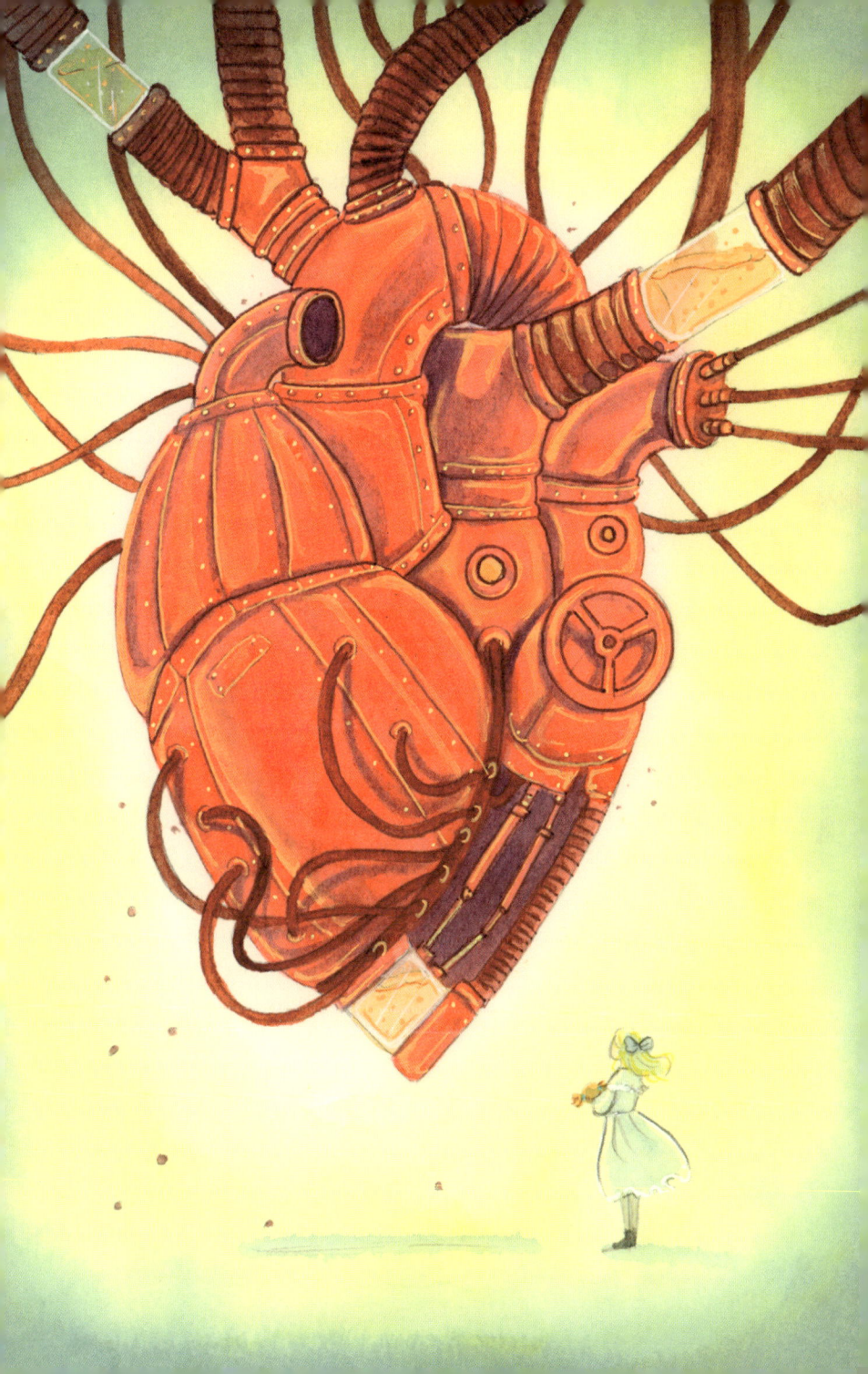

cada historia inventada... Todo eso es lo que lo hace latir.

El corazón mecánico emite un sonido chirriante y algunos de sus engranajes se detienen momentáneamente antes de volver a moverse con dificultad.

LUCÍA:	Se está apagando. Parece que el mundo ya no lo necesita. Mañana destruirán la fábrica.
EMMA:	¿No hay nada que podamos hacer?
LUCÍA:	Ya habéis hecho mucho. Habéis recordado cómo se juega de verdad.
ÁLEX:	Pero eso no salvará la fábrica.

LUCÍA mira a cada uno de los niños, con una mezcla de tristeza y esperanza.

LUCÍA:	La fábrica es solo un edificio. Lo que importa es lo que representa: la magia de crear, de imaginar, de jugar sin límites. Eso es lo que podéis salvar, si realmente lo deseáis.
MATEO:	Siempre pensé que estos juguetes eran para niños pequeños. Que nosotros ya éramos demasiado mayores. Pero no se trata de la edad, ¿verdad? Se trata de mantener viva la imaginación.
ÁLEX:	¿Qué tenemos que hacer, Lucía?

LUCÍA sonríe, y por un momento su figura parece más sólida, menos etérea.

LUCÍA: El corazón necesita nuevas historias, nuevos recuerdos. Necesita que enseñéis a otros niños lo que habéis aprendido aquí.

La sala se ilumina completamente. De todos los rincones emergen JUGUETES de todos los tipos, que se acercan formando un gran círculo alrededor del corazón mecánico y los niños. Los niños y los JUGUETES bailan juntos hasta que baja el telón.

ACTO IV
ESCENA 1

Aula de clase, unas semanas después. Los cinco protagonistas están sentados juntos, rodeados por otros compañeros que los miran con admiración. En la pared hay una proyección en una pizarra digital de una página de un periódico con el titular: «La Fábrica de juguetes Estrella se convertirá en museo interactivo gracias a la iniciativa de cinco estudiantes».
La MAESTRA está terminando la clase.

MAESTRA: ... y por eso me gustaría felicitar una vez más a Bruno, Mateo, Álex, Emma y Nora por su extraordinario descubrimiento. Gracias a ellos, un edificio histórico de nuestra ciudad se salvará y se transformará en un espacio cultural para todos.

Aplausos de toda la clase. Los cinco protagonistas intercambian miradas de complicidad.

COMPAÑERA 1: ¿Es verdad que encontrasteis planos de inventos secretos?

BRUNO: Bueno, no los encontramos exactamente nosotros...

COMPAÑERO 2: Mi padre dice que el ayuntamiento va a hacer un *escape room* dentro del museo. ¿Podemos ir cuando lo abran?

ÁLEX: Claro, iremos todos juntos.

COMPAÑERA 3: ¿Y los fantasmas? Mi hermano mayor dice que visteis fantasmas.

MATEO, EMMA, NORA, BRUNO y ÁLEX intercambian miradas nerviosas.

MATEO: No exactamente fantasmas...

NORA: Digamos que vivimos una experiencia... rara.

Suena el timbre que marca el final de la clase. Los alumnos comienzan a recoger sus cosas.

MAESTRA: Antes de que os vayáis, tengo un anuncio importante. Mañana se incorporará una nueva alumna a nuestra clase. Espero que todos la hagáis sentir bienvenida.

Los alumnos comienzan a salir. Los cinco protagonistas se quedan rezagados, hablando en voz baja.

EMMA: ¿Habéis vuelto a soñar con la fábrica?

BRUNO: Yo sí, casi todas las noches.

NORA: Yo también. Es como si una parte de mí siguiera allí.

MATEO: A veces me pregunto si realmente pasó o si fue todo un sueño colectivo.

ÁLEX:	El museo que están preparando es real. Y el señor Carlos está trabajando allí como asesor histórico.
BRUNO:	Sí, pero... ¿y Lucía? ¿Y los juguetes que cobraban vida?
EMMA:	No hemos vuelto a verla desde aquella noche.

Nora se acerca a la ventana y mira hacia el patio.

NORA:	¿Sabéis qué he observado? Los niños pequeños ya no juegan durante el recreo. Como están acostumbrados a solo mirar sus móviles o *tablets*...
MATEO:	Como nosotros antes.
ÁLEX:	Podríamos hacer algo.
EMMA:	¿Como qué?
ÁLEX:	No sé..., organizar juegos tradicionales, enseñarles a jugar como nos enseñaron a nosotros en la fábrica.
BRUNO:	No es mala idea, pero necesitaríamos juguetes.
MAESTRA:	*(Acercándose al grupo).* Chicos, casi se me olvida. Mañana la nueva alumna se sentará con vosotros. Su nombre es Lucía Estrella. Acaba de mudarse a la ciudad.

Los cinco se quedan congelados.

NORA:	¿Ha dicho... Lucía Estrella?
MATEO:	No puede ser la misma, ¿verdad?

BRUNO:	¿Estrella, como la fábrica?
MAESTRA:	*(Extrañada por su reacción).* Sí, tengo entendido que su familia tiene alguna relación con esa fábrica. Por eso pensé que estaría bien que la conocierais. ¿Algún problema?
ÁLEX:	*(Recuperándose).* No, no, ninguno. Será... interesante conocerla.
MAESTRA:	Estupendo. Hasta mañana entonces.

La MAESTRA sale. Los cinco se miran, atónitos.

EMMA:	¿Habéis oído? Lucía Estrella.
MATEO:	Tiene que ser una coincidencia.
NORA:	¿Una coincidencia? ¿En serio?
BRUNO:	¿Y si es..., ya sabéis..., un fantasma que va a venir a perseguirnos?
NORA:	*(Con escalofríos).* No bromees con eso.
ÁLEX:	Bueno, sea quien sea, lo averiguaremos mañana.

Los cinco recogen sus cosas y salen del aula, visiblemente nerviosos. Las luces bajan gradualmente.

ACTO IV
ESCENA 2

Patio del colegio, al día siguiente durante el recreo. Los cinco protagonistas están reunidos en un rincón, observando inquietos.

BRUNO:　　　¿La habéis visto ya?

ÁLEX:　　　　No ha venido a primera hora.

EMMA:　　　　Se habrá arrepentido.

NORA:　　　　¿De qué? ¿De materializarse como persona real?

MATEO:　　　¿Seguís con eso? Os digo que tiene que ser otra Lucía.

Bruno señala hacia la entrada del patio.

BRUNO:　　　¡Ahí está la maestra! Y viene con alguien.

La Maestra entra en el patio acompañando a Lucía, una niña de once años idéntica a la que vieron en la fábrica, pero vestida con ropa normal y moderna. Los cinco contienen la respiración.

MAESTRA:　　*(Acercándose con Lucía).* Chicos, os presento a Lucía, vuestra nueva compañera. Lucía,

| | estos son los alumnos de los que te hablé, los que descubrieron los planos en la antigua fábrica. |
| LUCÍA: | *(Sonriendo amablemente)*. Encantada de conoceros. |

La MAESTRA los deja solos. Hay un silencio incómodo mientras LUCÍA y los cinco se miran. LUCÍA mantiene una expresión amable pero neutra.

ÁLEX:	*(Finalmente)*. Hola, Lucía. Yo soy Álex, y ellos son Emma, Nora, Bruno y Mateo.
LUCÍA:	Me alegro de conoceros a todos. La maestra me ha contado lo que hicisteis por la fábrica. Es increíble.
EMMA:	*(Nerviosa)*. Sí, fue... una experiencia única.
LUCÍA:	Me imagino. Debió de ser muy emocionante.

Nuevo silencio incómodo. Los cinco se miran entre sí, esperando que alguien se atreva a preguntar lo obvio.

| BRUNO: | *(Soltándolo de golpe)*. ¿Eres un fantasma? |

EMMA le da un codazo. LUCÍA parpadea sorprendida.

LUCÍA:	Perdona, ¿qué has dicho?
NORA:	Disculpa a Bruno, es que..., verás...
MATEO:	Es que conocimos a alguien en la fábrica. Alguien que se parecía mucho a ti y se llamaba igual.

LUCÍA: *(Con expresión confusa).* ¿En la fábrica? Qué raro. Yo nunca he estado allí. Acabo de llegar a la ciudad.

ÁLEX: ¿Tu familia tiene relación con la fábrica Estrella?

LUCÍA: Mi bisabuelo la fundó. Mi abuelo tenía un hermano que murió cuando era joven, y su hija..., bueno, hubo un accidente, según me contaron.

LUCÍA mira a su alrededor, como buscando algo.

LUCÍA: Este patio es enorme, pero nadie parece estar jugando de verdad. Sin los móviles, todos andan por ahí como zombis... ¿No os parece?

El comentario desconcierta a los cinco, que no saben cómo interpretar el cambio de tema.

EMMA: Sí, estábamos hablando de eso antes. Es una pena.

LUCÍA: En mi antiguo colegio pasaba lo mismo. *(Sonríe).* Sabéis, tengo una idea.

LUCÍA comienza a caminar. Los cinco la siguen, intercambiando miradas de confusión.

BRUNO: *(En voz baja a los demás).* ¿Lo veis? Se hace la inocente, pero seguro que es ella.

MATEO: *(En voz baja).* No empieces otra vez.

Mientras caminan tras LUCÍA, notan que de su mochila sobresale una muñeca de trapo que les resulta familiar.

NORA: *(En voz baja).* ¿Habéis visto? Es la muñeca, Clarita.

LUCÍA se gira de pronto, haciendo que todos se detengan bruscamente.

LUCÍA: ¿Cómo sabes el nombre de mi muñeca?

NORA: Yo..., no sé... ¿Se llama así?

LUCÍA: Sí. Es una muñeca antigua. Mi madre la heredó de su abuela...

EMMA: *(Mirándola intensamente).* Lucía... ¿Quién eres en realidad?

LUCÍA: *(Inclinándose hacia ellos, con voz misterio-*
               sa). ¿Y si os dijera que hay personas que
               pueden estar en dos lugares a la vez? ¿O
               que algunas almas están tan conectadas a
               un lugar que una parte de ellas siempre
               permanece allí?

Bruno retrocede, asustado.

MATEO: Ahora sí que me estás dando miedo.
LUCÍA: *(Riendo).* ¡Es broma! Deberíais ver vuestras
               caras.

Los cinco la miran, desconcertados.

LUCÍA: Lo siento, no he podido resistirme. ¿En serio
               creéis que soy un fantasma?

Le da un pellizco a Mateo, que pega un brinco.

MATEO: ¡Ayyyy! ¡Eso ha dolido!
LUCÍA: Los fantasmas no pellizcan, ¿sabes? Ya está
               bien con la bromita, me estáis asustando vo-
               sotros a mí.
EMMA: Perdona. Me parece que después de lo de la
               fábrica... A todos se nos ha disparado la
               imaginación.
LUCÍA: Pues eso me viene genial para mi idea.
ÁLEX: ¿Qué idea?

LUCÍA:	Es sobre lo que estábamos hablando antes. Lo de que los más peques se aburren sin pantallas. Y lo que estaba pensando es... ¿Y si formamos un club? Un club para enseñarles a jugar de verdad.
EMMA:	Pero necesitaríamos juguetes.
LUCÍA:	Eso no es problema. Tengo un montón de juguetes antiguos que mi familia ha ido guardando durante generaciones. Podría traerlos.
BRUNO:	¿Son... juguetes especiales?
LUCÍA:	*(Con cara de inocente).* No sé qué quieres decir. Todos los juguetes son especiales.
ÁLEX:	A mí me parece muy buena idea.
NORA:	Podríamos usar el aula vacía del final del pasillo.
EMMA:	Y pedir permiso a la directora.
BRUNO:	¿Cómo lo llamaremos?
LUCÍA:	*(Pensativa).* ¿Qué tal «El Corazón Secreto»? Para que suene misterioso y los niños quieran venir...

Los cinco la miran sorprendidos por el nombre que ha propuesto.

LUCÍA:	*(Inocentemente).* ¿Qué? ¿He dicho algo raro?

Las luces comienzan a cambiar, señalando el paso del tiempo.

ACTO IV
ESCENA 3

Aula del club «El Corazón Secreto», unas semanas después. Hay muchos niños pequeños jugando con diversos juguetes tradicionales. Son los del coro de los juguetes, ahora vestidos con babis como los de los niños de Infantil. Los protagonistas, incluyendo a LUCÍA, se mueven entre ellos, enseñándoles cómo jugar. EMMA ayuda a unas niñas con muñecas, BRUNO organiza carreras de coches, MATEO construye un fuerte con bloques, NORA enseña juegos de mesa, y ÁLEX explica las reglas de un juego de cartas. LUCÍA va de grupo en grupo, observando con satisfacción.

NIÑA: *(A EMMA).* Esta muñeca no hace nada cuando aprieto los botones.

EMMA: No necesita botones. Tú puedes decidir lo que hace, lo que dice, cómo se siente. Tú le das vida con tu imaginación.

La NIÑA mira la muñeca con nueva perspectiva y comienza a jugar, inventando una voz para ella.

NIÑO: *(A BRUNO).* ¿Estos coches no tienen control remoto?

BRUNO: Son mucho mejor que eso. Pueden ir donde tú quieras, no solo donde las baterías les permitan. Mira.

Bruno crea una rampa con libros y lanza un coche, narrando una emocionante carrera. El Niño pequeño sonríe y lo imita, añadiendo sus propios efectos de sonido.
Lucía se acerca a una ventana y mira hacia fuera. Parece ausente, perdida en sus pensamiento. Nora se acerca a ella.

NORA: ¿Todo bien, Lucía?

LUCÍA: *(Volviendo a la normalidad).* Mejor que bien. Es maravilloso ver el aula así.

NORA: Tus juguetes son increíbles. Parecen nuevos a pesar de ser tan antiguos.

LUCÍA: Han sido muy queridos.

Nora la mira fijamente.

NORA: Nunca nos has dicho directamente si eras tú en la fábrica aquella noche.

LUCÍA: *(Sonriendo misteriosamente).* No sé de qué me hablas.

Álex se une a ellas.

ÁLEX: Los niños están encantados. La directora dice que otras clases quieren unirse al club.

Emma, Bruno y Mateo se unen al grupo.

EMMA: Están encantados. Ni se acuerdan de los móviles de sus padres.

BRUNO: Se lo están pasando genial.

MATEO: *(A Lucía)*. ¿Puedo preguntarte algo? Tus juguetes... A veces tengo la sensación de que se mueven cuando no los miramos.

Todos miran a Lucía expectantes.

LUCÍA: ¿Sí? Yo a veces tengo la misma sensación.

De repente, uno de los Peluches vivientes hace un gesto gracioso y se vuelve a quedar como congelado. Solo Mateo lo ve.

MATEO: ¡Lo he visto! ¡Ese oso ha hecho una mueca!

Todos miran hacia el Oso, que ahora está completamente inmóvil.

BRUNO: Estás alucinando, tío.
LUCÍA: *(Riendo)*. ¿Quién sabe? A lo mejor la magia de la fábrica os ha seguido hasta aquí.

Los Niños pequeños se acercan, queriendo mostrar lo que han creado. El momento de tensión se rompe y todos vuelven a las actividades del club.
Mientras los demás se alejan, Lucía se queda por un momento a solas. Saca a Clarita de su bolsillo y le susurra algo al oído. Luego mira directamente al público y sonríe con complicidad. Las luces comienzan a bajar lentamente. Se escucha la melodía de la caja de música de la fábrica, suave y distante, como un eco de magia que permanece en el mundo para aquellos que saben cómo mirar.

Telón final

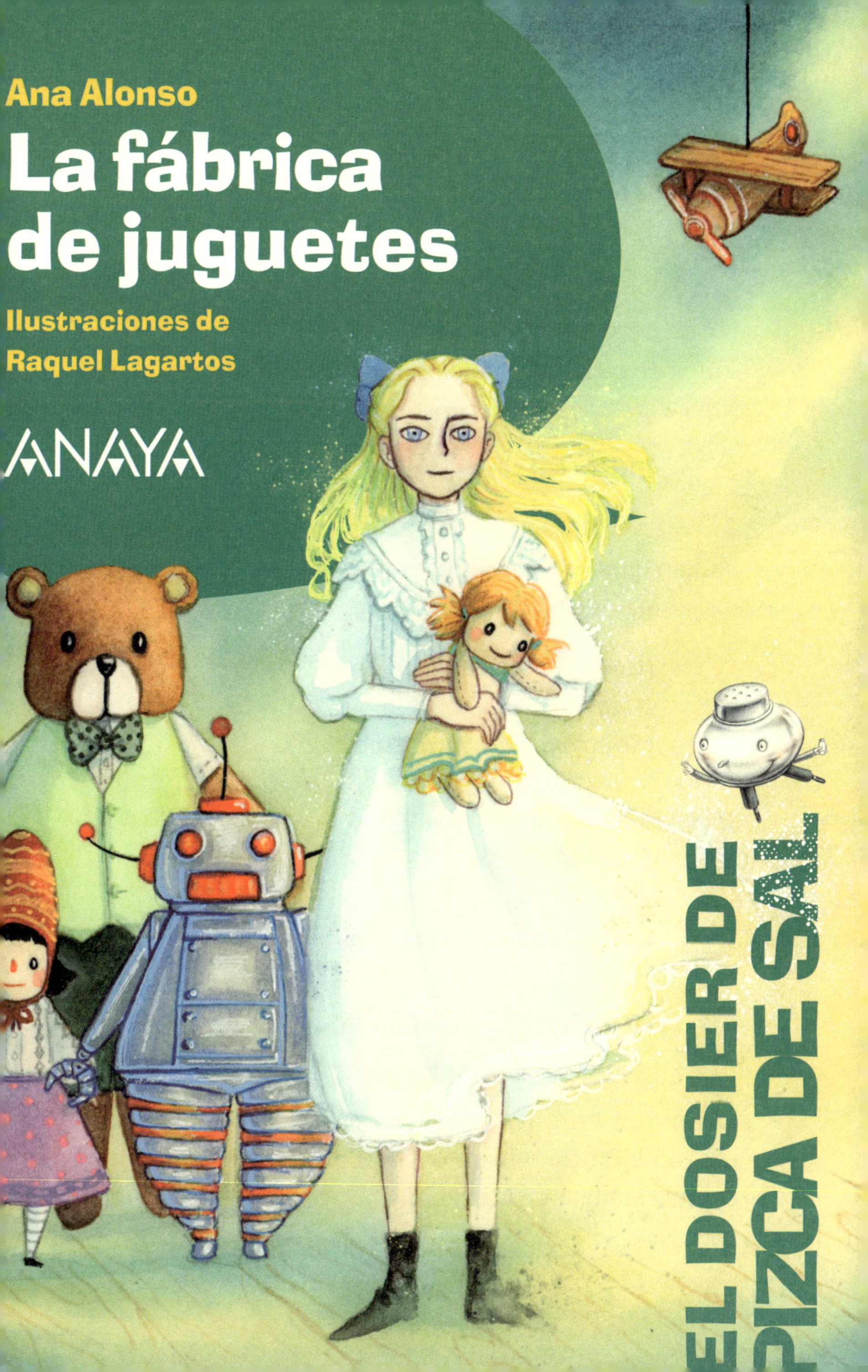
Ana Alonso
La fábrica de juguetes
Ilustraciones de Raquel Lagartos
ANAYA
EL DOSIER DE PIZCA DE SAL

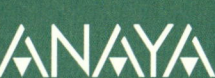

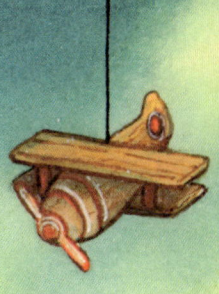

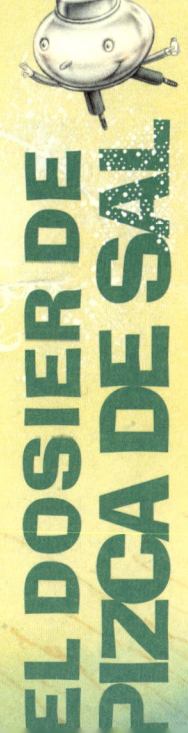

Cómo leer un texto teatral

Partes de un texto teatral

Nombres de personajes

Antes de cada intervención aparece el nombre del personaje en mayúsculas:

BRUNO: ¡Esto es increíble!

Acotaciones

Van en *cursiva* y entre paréntesis. Explican movimientos, emociones y acciones:

(Corriendo hacia la ventana).
(Con miedo).
(Se esconde detrás de una caja).

Estructura de la obra

Actos

Las partes en que se divide la obra (como los capítulos de un libro). Cada acto representa una parte de la historia.

La fábrica de juguetes tiene cuatro actos.

Escenas

Las partes en que se divide cada acto. Se cambia de escena cuando entran o salen personajes, o cuando cambia el lugar de la acción.

Consejos para leer

▶ **Lee antes** quién es cada personaje en las primeras páginas. Vuelve a esa lista o elenco cuando te pierdas con los nombres de los personajes.

▶ **Fíjate en las acotaciones** para imaginarte mejor lo que está pasando. Las obras de teatro no tienen descripciones ni narraciones de la acción, solo diálogos. Tienes que hacer un esfuerzo especial para representar en tu mente lo que ocurre.

Repartiendo papeles: ¡todos pueden participar!

Personajes principales (5 actores)

▶ **Mateo:** el escéptico que descubre la magia.

▶ **Emma:** la artista sensible.

▶ **Bruno:** el aventurero impulsivo.

▶ **Nora:** la observadora que todo lo apunta.

▶ **Álex:** el organizador/a (chico o chica).

Otros personajes individuales (3 actores)

▶ **Lucía:** la niña misteriosa.

▶ **Carlos el Guardián:** interpretado por un alumno o alumna.

▶ **La Maestra:** papel pequeño pero importante.

TENED EN CUENTA

Cualquier personaje puede ser interpretado por un chico o una chica. En el teatro no hay límites: una chica puede hacer de Bruno y un chico puede hacer de Emma. ¡Lo que importa es la interpretación!

Personajes corales (¡todos los demás!)

▶ **Muñecas:** sus movimientos son delicados y sincronizados.

▶ **Robots:** movimientos rígidos y mecánicos.

▶ **Peluche:** suaves y mimosos.

▶ **Juegos de mesa:** geométricos y precisos.

▶ **Vehículos:** dinámicos y veloces.

Opciones flexibles

▶ **Si sois pocos:** un actor puede hacer varios personajes.

▶ **Si sois muchos:** podéis crear subcoros o personajes adicionales. ¡Nadie se queda sin papel! Los actores del coro también pueden tener otros roles (tramoyista, diseñador de vestuario, etc.).

Más que actores: otros roles importantes

Director/a

Coordina los ensayos, ayuda a situar a los personajes dentro de las escenas, da pautas sobre el movimiento en la escena y la interpretación, y toma las decisiones más importantes. *Tip:* Puede ser un profesor o un alumno responsable.

Diseñador/a de vestuario

Planifica los disfraces, organiza los materiales, ayuda a vestir a los actores.

Técnico/a de sonido

Maneja la música, los efectos especiales y el micrófono, si lo hay.

Fotógrafo/a

Documenta los ensayos y la función, hace fotos para dejar constancia del proceso.

Jefe/a de utilería

Se encarga de todos los objetos que salen en escena.

Ayudante de dirección

Apunta quién habla en cada momento, avisa a los actores, controla los tiempos.

Tramoyista

Mueve y cambia los decorados, controla las luces, organiza los objetos que aparecen en cada escena. ¡Superimportante para que todo funcione!

¡RECORDAD!
Todos estos trabajos son igual de importantes que actuar.
¡Sin ellos no hay obra!

Personajes corales: ¡dad vida a los juguetes!

Las Muñecas
▶ Vestuario: faldas colores pastel, lazos en el pelo.
▶ Personalidad: elegantes, un poco presumidas pero buenas.

Los Robots
▶ Vestuario: papel metalizado, cajas plateadas.
▶ Personalidad: lógicos, ordenados, hablan de forma robótica.

Los Peluches
▶ Vestuario: sudaderas con capucha, colores marrones y beis.
▶ Personalidad: cariñosos, protectores, un poco tímidos.

Los Juegos de mesa
▶ Vestuario: cartulinas colgadas representando fichas y cartas.
▶ Personalidad: inteligentes, estratégicos, les gusta pensar.

Los Vehículos
▶ Vestuario: cajas pintadas como coches, trenes, aviones.
▶ Personalidad: aventureros, les encanta explorar.

Opciones para el movimiento

Improvisación libre

Cada actor inventa sus movimientos según su personaje.

Coreografías sencillas

El grupo prepara movimientos coordinados para algunos momentos especiales.

Combinación

Se pueden mezclar ambas técnicas: coreografías en las escenas importantes e improvisación en el resto.

¡Elegid lo que más os guste
y mejor os salga!

Decorados: creando mundos mágicos

El parque (acto I)

▶ **Opción completa:** telón con silueta de fábrica, bancos, árboles de cartón.

▶ **Opción simbólica:** solo un banco y una luz que sugiera la fábrica al fondo.

Exterior de la fábrica

▶ **Opción completa:** fachada pintada en telón grande, ventana «rota».

▶ **Opción simbólica:** un marco de ventana y un cartel que diga «Fábrica Estrella».

Interior de la fábrica

▶ **Opción completa:** máquinas de cartón, cajas apiladas, cintas transportadoras.

▶ **Opción simbólica:** cambios de luz y algunos objetos que sugieran maquinaria.

Salas temáticas

▶ **Opción completa:** decorados para cada sala.

▶ **Opción simbólica:** solo cambios de iluminación y algún objeto representativo.

El colegio (acto IV)

▶ **Opción completa:** pupitres, pizarra, decoración escolar.

▶ **Opción simbólica:** una mesa, una silla y un cartel de «Colegio».

Elementos básicos

▶ **Iluminación:** cambia el ambiente (cálida/fría, fuerte/suave).

▶ **Objetos simbólicos:** caja = máquina, tela = puerta.

▶ **Niveles:** cajas para crear alturas diferentes.

▶ **Color:** cortinas, telas o fondos de colores para cambiar el ambiente.

CONSEJO FUNDAMENTAL

En teatro, la imaginación del público es vuestra mejor aliada. Un decorado sencillo funciona igual de bien que uno más complicado si la actuación es buena.

Aprenderse el texto ¡sin agobios!

Técnicas para memorizar

Repetición

Lee tu parte tres veces cada día en voz alta. Apréndete también lo que dicen los personajes que hablan justo antes de tus intervenciones, para saber cuándo te toca.

Actuación

No memorices solo las palabras, entiende qué siente tu personaje.

Grabación

Graba tu papel. Escúchalo como un pódcast. Puedes ensayar con distintas entonaciones, ritmos, tonos, etc.

En pareja

Practica diálogos con algún compañero, con miembros de la familia... Y también delante del espejo.

¡TRUCOS ANTIOLVIDOS!

▶ Si te quedas en blanco, sigue el movimiento de la escena.

▶ Tu compañero puede darte pistas con gestos.

▶ En caso de emergencia, improvisa algo que tenga sentido.

▶ ¡Nunca pares la obra por un texto olvidado!

RECUERDA

No se trata de hacerlo perfecto, sino de que la historia fluya y no se detenga, atrapando a los espectadores.

Construyendo tu personaje

Descubre a tu personaje

Su personalidad

Lee todas sus intervenciones. ¿Es valiente o miedoso? ¿Optimista o pesimista? ¿Hablador o callado?

Sus motivaciones

¿Qué quiere conseguir? ¿De qué tiene miedo? ¿Qué le hace feliz?

Su objetivo en cada escena

¿Qué intenta lograr tu personaje en este momento concreto?

Creando su físico

Invéntate su forma de caminar: ¿rápido o lento?, ¿con pasos grandes o pequeños? Su postura corporal: ¿erguido o encorvado?, ¿relajado o tenso?

Sus gestos habituales

¿Se toca el pelo? ¿Mueve mucho las manos?

Encontrando su voz

¿Cómo habla normalmente? ¿Rápido, lento, con pausas?

¿Cómo cambia su voz según sus emociones?

¿Se le agita cuando está nervioso? ¿Se le pone grave cuando está enfadado?

Escuchando en escena

Tu personaje debe reaccionar a lo que dicen otros personajes:

▶ Con gestos faciales.
▶ Con movimientos corporales.
▶ Con pequeños sonidos (suspiros, risitas...).

Ejercicio clave

Imagina a tu personaje en situaciones que no salen en la obra: ¿Cómo desayunaría? ¿Cómo estudiaría para un examen? ¿Cómo pasaría su tiempo libre? Esto te ayudará a conocerlo mejor.

Organizando los ensayos

Tipos de ensayos

Ensayo de mesa
Sentados para leer el texto juntos, entender la historia y comentar lo que no tengáis claro.

Ensayo de movimientos
De pie, marcad dónde va cada personaje e interpretadlo sin preocuparos de que el texto quede perfecto.

Ensayo de escenas
Por partes, puliendo cada momento.

Ensayo general
¡La obra entera del tirón! Con vestuario y decorado.

Planing de ensayos (8 semanas)

Semanas 1-2: reparto de todos los papeles y ensayos de mesa.

Semanas 3-4: ensayos de movimientos por actos.

Semanas 5-6: ensayos de escenas, puliendo detalles.

Semana 7: ensayos generales con vestuario.

Semana 8: últimos retoques de movimientos, vestuario y actuación. ¡Estreno de la obra!

Consejos para ensayar

- ▶ Llegad puntuales y preparados.
- ▶ Respetad al director y a vuestros compañeros.
- ▶ Si no es vuestro turno, observad en silencio.
- ▶ Preguntad dudas, pero en el momento adecuado.
- ▶ ¡Disfrutad! Los ensayos son parte de la diversión.

Cuando se os olvida el texto

En los ensayos

- ▶ Parad y pedid que os soplen la frase. Leed de nuevo esa parte varias veces.
- ▶ Entended por qué vuestro personaje dice eso. Pensad en cómo lo diríais vosotros si se os olvidan sus palabras exactas.

Durante la función

- ▶ Mantened la calma y no paréis la escena.
- ▶ Improvisad algo que tenga sentido.
- ▶ Podéis daros pistas con gestos o movimientos.

Preparando el estreno: ¡el gran día!

Antes de la función

Vestuario
Llegad con tiempo para vestiros. Ayudaos unos a otros.

Maquillaje
Sencillo: coloretes para las muñecas, plateado para robots.

Prueba técnica
Revisad luces, sonido, decorados. ¡Que no haya sorpresas desagradables!

Calentamiento
Moved el cuerpo, haced gárgaras para preparar la voz, respirad hondo.

Durante la función

En escena

▶ Mirad al público, no al suelo.

▶ Hablad claro y más alto de lo normal.

▶ Si algo sale mal, seguid adelante.

Entre bambalinas

▶ Silencio absoluto.

▶ Ayudad con los cambios de vestuario.

▶ Animaos unos a otros.

▶ Preparaos para vuestra entrada.

Si se os olvida el texto...

▶ No paréis la escena ni os salgáis del personaje.

▶ Improvisad con sentido.

Después de la función

▶ Saludad al público para agradecer su atención y sus aplausos. ¡Celebradlo! ¡Lo habéis conseguido!

Otras formas de explorar el texto

Teatro leído

▶ **¿Qué es?** Leer la obra en voz alta, sentados, sin movimientos.

▶ **¿Cuándo?** Perfecto para clases de Lengua, sesiones de lectura o cuando no tenéis espacio.

▶ **Consejo:** Cada lector debe darle personalidad a su voz.

Escenas en vídeo

▶ **¿Qué es?** Grabar escenas con móviles o *tablets*.

▶ **Ideas divertidas:**
  1. Los juguetes cobrando vida en *stop-motion*.
  2. Entrevistas a los personajes «fuera de la obra».
  3. *Making-of* de vuestros ensayos.

Juego dramático

▶ **¿Qué es?** Improvisar situaciones basadas en la obra.

▶ **Ejemplos:**
  1. ¿Qué pasaría si los juguetes fueran a vuestro colegio?
  2. Inventad nuevas aventuras para Lucía.
  3. ¿Cómo sería un día normal en la fábrica cuando funcionaba?

Adaptaciones creativas

▶ **Cómic:** Convertid entre todos algunas de las escenas en viñetas.

▶ **Pódcast:** Grabad la obra como si fuera una radionovela (un pódcast de ficción).

▶ **Exposición:** Montad una muestra con objetos y fotos del proceso.

Teatro negro: imagia con luz y sombra!

¿Qué es el teatro negro?

Es una técnica teatral donde los actores se visten completamente de negro y actúan en un escenario también negro. Solo se ven los objetos iluminados con luz ultravioleta (luz negra) que hace brillar ciertos materiales.

Bases fundamentales

▶ **Actores invisibles:** ropa negra (camiseta, pantalón, guantes, pasamontañas).

▶ **Objetos que brillan:** materiales fluorescentes (papel blanco, telas claras, pinturas especiales).

▶ **Iluminación especial:** solo luz ultravioleta. Todo lo demás queda en la oscuridad.

▶ **Efecto mágico:** parece que los objetos se mueven solos por el aire.

Adaptando «La fábrica de juguetes»

▶ **El parque nocturno:** siluetas blancas de varios árboles que «van apareciendo» cuando llegan los niños.

▶ **La fábrica misteriosa:** engranajes y máquinas de papel blanco que parece que se mueven completamente solas.

▶ **Los juguetes cobrando vida:** grandes dibujos planos que representan a cada tipo de juguete y que parecen flotar en el escenario negro (mientras los actores los mueven).

▶ **Efectos especiales:** llaves que vuelan, puertas que se abren solas, objetos que aparecen mágicamente.

Materiales necesarios

▶ Luz ultravioleta (lámpara especial).

▶ Papel blanco y cartulinas de colores claros.

▶ Pintura fluorescente.

▶ Ropa negra para todos los actores.

VENTAJAS
¡Perfecto para crear la magia de los juguetes que cobran vida sin decorados complicados!